Rose Debouverie

**Analyse des températures au sol de la ville de Melbourne**

Rose Debouverie

# Analyse des températures au sol de la ville de Melbourne

Éditions universitaires européennes

**Impressum / Mentions légales**

Bibliografische Information der Deutschen Nationalbibliothek: Die Deutsche Nationalbibliothek verzeichnet diese Publikation in der Deutschen Nationalbibliografie; detaillierte bibliografische Daten sind im Internet über http://dnb.d-nb.de abrufbar.
Alle in diesem Buch genannten Marken und Produktnamen unterliegen warenzeichen-, marken- oder patentrechtlichem Schutz bzw. sind Warenzeichen oder eingetragene Warenzeichen der jeweiligen Inhaber. Die Wiedergabe von Marken, Produktnamen, Gebrauchsnamen, Handelsnamen, Warenbezeichnungen u.s.w. in diesem Werk berechtigt auch ohne besondere Kennzeichnung nicht zu der Annahme, dass solche Namen im Sinne der Warenzeichen- und Markenschutzgesetzgebung als frei zu betrachten wären und daher von jedermann benutzt werden dürften.

Information bibliographique publiée par la Deutsche Nationalbibliothek: La Deutsche Nationalbibliothek inscrit cette publication à la Deutsche Nationalbibliografie; des données bibliographiques détaillées sont disponibles sur internet à l'adresse http://dnb.d-nb.de.
Toutes marques et noms de produits mentionnés dans ce livre demeurent sous la protection des marques, des marques déposées et des brevets, et sont des marques ou des marques déposées de leurs détenteurs respectifs. L'utilisation des marques, noms de produits, noms communs, noms commerciaux, descriptions de produits, etc, même sans qu'ils soient mentionnés de façon particulière dans ce livre ne signifie en aucune façon que ces noms peuvent être utilisés sans restriction à l'égard de la législation pour la protection des marques et des marques déposées et pourraient donc être utilisés par quiconque.

Coverbild / Photo de couverture: www.ingimage.com

Verlag / Editeur:
Éditions universitaires européennes
ist ein Imprint der / est une marque déposée de
OmniScriptum GmbH & Co. KG
Heinrich-Böcking-Str. 6-8, 66121 Saarbrücken, Deutschland / Allemagne
Email: info@editions-ue.com

Herstellung: siehe letzte Seite /
Impression: voir la dernière page
**ISBN: 978-3-8417-3526-3**

# Analyse des évolutions spatio-temporelles des températures au sol de la ville de Melbourne et de leurs relations avec la morphologie urbaine

# SOMMAIRE

# REMERCIEMENTS

Tout d'abord, mes remerciements vont à Mary Lewin de la Mairie de Melbourne qui a transmis ma candidature à Paul James, directeur du *Global Cities Institute* (GCI) de RMIT et a intercédé en ma faveur. Paul James également, mon tuteur, qui a accepté ma présence en stage dans son programme de recherche.

Je remercie ensuite Darryn McEvoy, mon responsable de stage et directeur du *Climate Change Adaptation Program* (CCAP) auprès de qui j'ai travaillé pendant sept mois ; et aussi Jane Mullett et Ifte Ahmed, les deux autres chercheurs fixes du CCAP pour leurs conseils avisés et leur gentillesse. Ils m'ont fait me sentir à ma place dans leur équipe. Je remercie aussi Hartmüt Fuenfgeld, Izabela Ratajczak et Karin Bosomworth, arrivés après moi dans l'équipe, pour avoir apporté de l'intérêt à mon travail et avoir été des collègues particuliérement agréables.

Merci à Simon Jones, directeur de recherche de la *school of mathematics and geospatial science* et à Karin Reinke, Barbara Rasaiah, Koel Roychowdhury étudiantes en doctorat, pour leurs conseils et leur expertise en matière de télédétection.

Une attention particulière à Nigel Tapper et Shobhit Chandra de *Monash University* pour m'avoir accueillie dans leurs locaux et pour leurs conseils techniques pour mesurer l'effet d'Îlot de Chaleur Urbain.

Je tiens aussi à remercier Michelle Farley qui a été d'une efficacité redoutable quand il a fallu régler les problèmes de convention!

Enfin je remercie toute l'équipe du Master 2 SIGAT pour leurs enseignements et pour m'avoir laissé partir en Australie faire mon stage.

# INTRODUCTION

Mon stage ayant eu lieu dans une université, il a été orienté recherche avec un sujet basé sur une commande d'une structure publique : la Mairie de Melbourne. La méthodologie est donc particulière, liant le caractère « recherche » du stage et celui « professionnel ». La commande ne consistait pas à renouveler les données géographiques de la Mairie, je n'allais pas dans leur base de données. Il s'agissait de tester différentes méthodes d'analyse des températures, dans un projet pilote aboutissant sur une étude de deux ans plus conséquente.

Toutefois, la perspective de partager les résultats avec une structure publique à l'issu du stage a permis de ne pas se contenter de recherche fondamentale, gardant en tête les exigences inclues dans la commande.

Je souhaite expliquer ici les raisons et les démarches m'ayant poussées à faire ce stage, étant donné son caractère particulier. Je souhaitais partir, envie de voir d'autres horizons et je trouvais enrichissant de voir comment se passe son domaine dans un autre pays. J'aimerais de plus dans les prochaines années vivre à l'étranger. Je voulais venir à Melbourne précisément, car j'en avais entendu beaucoup de bien. Mes exigences géographiques étaient donc à un échelon très élevé…

En décembre, j'ai envoyé d'abord timidement deux ou trois mails, pour prendre la température. Le deuxième s'est avéré concluent. Je l'avais adressé au service aménagement de la Mairie de Melbourne. Mary Lewin, qui s'occupe des relations internationales de la Mairie m'a répondu et a eu l'air intéressée pour que j'intègre le service géomatique de la Mairie. Je souhaitais travailler dans l'aménagement/urbanisme, c'était parfait !

Après que nous nous soyons échangées un certain nombre de mail, je reçois des nouvelles en février indiquants que suite à des changements dans l'organisation de la structure, ils n'engagent plus personne pour le moment. Événement qui arrive à beaucoup et auquel j'aurai du me préparer en cherchant un plan B. Je m'emploie donc à envoyer un grand nombre de mail. Pendant un mois je ne reçois que des réponses négatives. Finalement, début mars Mary me met en contact avec un professeur de RMIT University. Il s'agit de Paul James, responsable de l'institut de recherche des Global Cities avec qui elle travaille sur certains projets. Nous avons alors convenu d'un stage non rémunéré, dans le programme de recherche sur les changements climatiques.

# I/ PRÉSENTATION DE LA STRUCTURE D'ACCUEIL

Cette partie va présenter l'organisme dans lequel le stage s'est déroulé. Il sera ici présenté combien il s'agit d'un travail en collaboration avec différents services et différentes personnes, toutes occupants des postes et positions en lien les unes avec les autres.

## 1. Organisation générale de RMIT University

Fondée en 1887, l'université publique RMIT (*Royal Melbourne Institute of Technology*) est située au cœur du *Central Business District* de la ville de Melbourne, dans l'état de Victoria, en Australie.

Elle possède 49,476 étudiants repartis dans les trois campus de Melbourne et les deux campus du Vietnam (Ho-Chi-Minh-Ville et Hanoï) (RMIT 2010).

Elle fonctionne en vingt-quatre *schools* semi-autonomes, chacune faisant partie d'un des trois *colleges* suivants : *business, design and social context* et *science, engineering and health*.

*Remarque : dans ce mémoire, certains termes ne seront pas traduits en français car les fonctionnements pouvant être différents, il n'existe pas de terme équivalent ou la traduction n'a pas paru pertinente. Ces termes seront en italique dans le texte. De même, mes cartes seront en anglais, je montre les résultats que j'ai produit -*

Pour réaliser un rapide survol, voici les enseignements proposés par l'université (tous ces enseignements sont appelés *school of...*) :
- *college of business* : management, business et droit, finances, sciences économiques, mathématiques, informatique, marketing, comptabilité ;
- *college of design and social context* : architecture, art, design, éducation, mode, média et sciences de la communication, aménagement et sciences sociales ;
- *college of science, engineering and health* : aérospatial, sciences appliquées, chimie environnementale, sciences de l'informatique, électricité, sciences de la santé et sciences médicales, sciences physiques, sciences mathématiques et enfin sciences géospatiales.

RMIT a 30 instituts de recherches qui sont soit intégrés dans des *schools* ou *college*, soit opérants de manière quasi indépendante (RMIT, 2010). La recherche est organisée en quatre grands instituts presque indépendants (cf. I/2).

## 2. Les instituts de recherche

Depuis 2006, quatre instituts de recherches ont été établis, présenté par le schéma ci-dessous. Il décrit aussi les composantes, c'est à dire les « programmes de recherche » dépendants de l'institut « Global Cities », dont je fais partie (RMIT, 2010) :

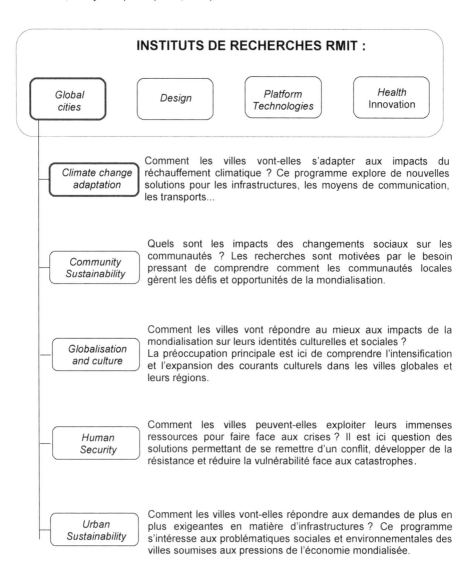

**INSTITUTS DE RECHERCHES RMIT :**

Global cities — Design — Platform Technologies — Health Innovation

**Climate change adaptation** : Comment les villes vont-elles s'adapter aux impacts du réchauffement climatique ? Ce programme explore de nouvelles solutions pour les infrastructures, les moyens de communication, les transports...

**Community Sustainability** : Quels sont les impacts des changements sociaux sur les communautés ? Les recherches sont motivées par le besoin pressant de comprendre comment les communautés locales gèrent les défis et opportunités de la mondialisation.

**Globalisation and culture** : Comment les villes vont répondre au mieux aux impacts de la mondialisation sur leurs identités culturelles et sociales ? La préoccupation principale est ici de comprendre l'intensification et l'expansion des courants culturels dans les villes globales et leurs régions.

**Human Security** : Comment les villes peuvent-elles exploiter leurs immenses ressources pour faire face aux crises ? Il est ici question des solutions permettant de se remettre d'un conflit, développer de la résistance et réduire la vulnérabilité face aux catastrophes.

**Urban Sustainability** : Comment les villes vont-elles répondre aux demandes de plus en plus exigeantes en matière d'infrastructures ? Ce programme s'intéresse aux problématiques sociales et environnementales des villes soumises aux pressions de l'économie mondialisée.

## 2.1. Plus en détail : le *Global Cities research Institute* (GCI)

L'Institut de recherche GCI est celui dans lequel je travaille. Son directeur depuis 2006 est Paul James, mon maitre de stage. J'ai eu très peu affaire à lui en réalité, mon responsable de stage a été Darryn McEvoy. Paul James est également directeur du *United Nations Global Compact Cities Programme*, depuis 2007. Il est professeur de *globalisation and cultural diversity*. Ses recherches en ce moment portent sur : la mondialisation et le nationalisme ; la politique contemporaine orientée vers les débats sur les changements sociaux ; les études sociales des cultures et de la formation des systèmes sociaux.

Je livre ici la traduction d'un paragraphe résumant le pourquoi de leurs recherches, texte repris dans la brochure annuelle de l'institut (Global Cities 2009) :

> { *Nous vivons une période où, pour la première fois, l'habitat urbain a supplanté le rural. C'est un changement capital. Cependant, les villes font face à un challenge grandissant : celui de fournir un lieu de vie stable et durable pour le futur.* }

Le GCI n'étudie pas l'urbanisme ou la recherche urbaine à proprement parler. Les chercheurs ne se qualifient pas de spécialistes en sciences ou études urbaines mais ils se centrent sur des questions de résilience, de sécurité, de durabilité et d'adaptation devant les bouleversements de la mondialisation et des changements climatiques. Ils voient les villes comme des vecteurs de compréhension des sociétés humaines.

L'objectif principal du GCI est de comprendre les processus découlant du changement climatique, dans le contexte des villes globales et de proposer des solutions permettant une manière de vivre plus soutenable.

Voici un schéma résumant les composantes principales des recherches, qui sont au croisement de deux thèmes : la mondialisation et les changements climatiques.

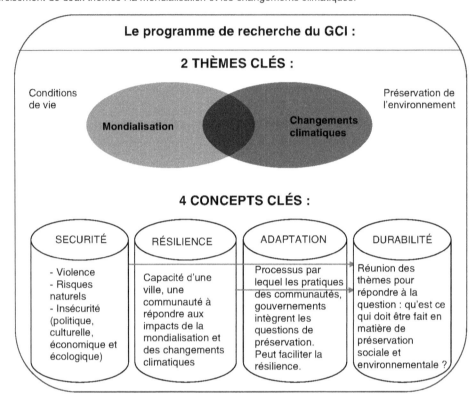

Qu'est ce qu'une ville globale ? Il est courant d'identifier quatre villes globales dans le monde : Londres, Paris, New York et Tokyo. Ces villes sont celles qui échangent le plus de transactions monétaires. Leur localisation n'est pas une coïncidence ; en effet elles forment un cercle tout autour de la Terre faisant que, quelle que soit l'heure, il y a toujours une de ces villes qui soit éveillée, permettant ainsi à la bourse de fonctionner 24/24H.

Il est aussi posssible de voir une ville globale (ou ville mondiale) (Global Cities 2009) comme une ville impliquée dans la mondialisation. Cela agrandi les possibilités d'études... Etant donné sa localisation, le GCI concentre surtout ses recherches sur Melbourne et sur des villes d'Asie et du Pacifique : Ho-Chi-Minh-Ville (Vietnam), Chennai (Inde), Denpasar (Indonésie), Dili (Timor Oriental), Galle (Sri Lanka), Honiara (les îles Salomon), Honolulu (États Unis), Kuala Lumpur (Malaisie), Los Angeles (États Unis), Osaka (Japon), Port Moresby (Papouasie Nouvelle Guinée), Shanghai (Chine) et Vancouver (Canada). Cet échantillon est représentatif des villes de l'hémisphère nord/sud, riches/pauvres, communistes/capitalistes.

## 2.2. Climate Change Adaptation Program (CCAP)

Mon bureau est situé avec l'équipe de recherches du programme *Climate Change*, dirigé par Darryn McEvoy. Les deux autres chercheurs « fixes » sont Jane Mullett et Ifte Ahmed. Cette structure est relativement jeune puisqu'elle a été fondée en 2007. Jane et Ifte étaient présents à la création du programme tandis que Darryn McEvoy a été nommé, en juillet 2009. Dans les quatre mois après mon arrivée, trois autres chercheurs ont été engagés, pour un contrat d'un an, Hartmüt Fuenfgeld (allemand), Izabela Ratajczak (polonaise) et Karin Bosomworth (australienne).

Darryn McEvoy est le chercheur principal depuis juillet 2009. Il est aussi le directeur adjoint du *Victorian Centre for Climate Change Adaptation Research* (VCCCAR). Avant de rejoindre l'Australie en 2009, il était le chercheur responsable du *Centre for Urban and Regional Ecology* (CURE) à l'université de Manchester (Royaume Uni), entre 1999 et 2006. Par la suite, il a travaillé comme directeur de recherche au projet de l'Union Européenne : *ADaptation And Mitigation strategies* (ADAM), qui supporte la politique environnementale de l'Union Européenne. Entre 2006 et 2009 il a été basé à l'université de Maastricht puis à *Vrije Univeristeit* à Amsterdam. Il est reconnu pour ses travaux sur l'adaptation aux changements climatiques.

Jane Mullett s'intéresse surtout à la relation entre art, communauté et adaptation aux changements climatiques. Les recherches d'Ifte Ahmed portent sur la reconstruction après catastrophe, les constructions adaptées aux changements climatiques, la gestion des risques.

Le CCAP fonctionne autour d'une petite équipe, dans un laboratoire où Darryn, Ifte et Jane ont des bureaux privés avec, au centre, un espace en *openspace* où je travaille avec les nouveaux arrivants. Ils travaillent sur différents thèmes, organisent des ateliers de plusieurs jours, travaillent avec le Vietnam, le Népal. Ils cherchent à créer des nouveaux contacts, à se faire reconnaitre en Australie.

La citation ci-dessous fait référence aux vocations principales du CCAP (RMIT 2010) :

> { *Les changements climatiques seront probablement un des plus grands défis auquel nous devrons faire face au 21ème siècle. Les études se sont centrées sur des explications scientifiques. Il est aujourd'hui nécessaire de préparer les communautés aux changements qui vont inévitablement arriver, dus aux gaz à effet de serre déjà 'coincés' dans l'atmosphère. Il faut savoir comment rendre les sociétés plus à même de s'adapter aux futurs risques climatiques.* }

Travailler sur les problématiques de changements et de risques climatiques en Australie est très intéressant car ce continent connait régulièrement des événements naturels majeurs : sécheresses, inondations, canicules, cyclones, élévation du niveau de la mer, *bushfires* (feux dans un paysage de savane arborée, j'en référerai désormais par le terme anglais, plus approprié). Le CCAP s'emploie donc à essayer de trouver des solutions pour la gestion de ces aléas, dont la fréquence risque d'augmenter.

Voici la liste des projets de recherches en cours ou en prévision du CCAP :

- Développement durable des villes d'Asie du Pacifique :
  - écotourisme au Népal ;
  - développement durable à Hué au Vietnam ;
  - AdaptNet, un E-magazine mis en ligne chaque semaine contenant cinq articles scientifiques relatifs aux changements climatiques (Janjua 2010) ;
  - gestion des catastrophes au Bangladesh et au Vietnam.

- Les infrastructures à Melbourne :
  - eau, énergie, communication, transport ;
  - études des répercussions de la canicule de 2009 sur les infrastructures ;
  - amélioration du recyclage des eaux usées.

- Gouvernance à différents échelons :
  - documents de cadrage pour aider les acteurs politiques à appliquer les recherches scientifiques, rédaction de directives et d'outils institutionnels (Melbourne, Victoria, Australie, international) ;
  - réactions aux situations de crise (Victoria) ;
  - équité dans les négotiations pour les décisions internationales ;
  - santé (Victoria).

- Forme urbaine (Melbourne, Victoria, Australie) :
  - ports et bord de mer (Melbourne, Victoria, Brisbane) ;
  - SIG (Melbourne).

## 3. The School of Mathematics and Geospatial science (SMGS)

Je travaille en collaboration avec Simon Jones, enseignant à la *school of mathematics and geospatial science*. Cette école fait partie du *college of science, engineering and health*. Elle a été créée en 2004 pour regrouper les anciennes *school of mathematiques and statistiques* et *school of geospatial science*. (En Australie, l'enseignement des SIG se fait surtout dans des départements scientifiques rarement intégré à un cursus géographique, comme en France). L'objectif était de regrouper des disciplines gérant la collecte et l'analyse des données ainsi que la compréhension de systèmes à travers la modélisation et la visualisation. Les cursus proposés en licence sont ceux de géomatique, mathématiques, cartographie, topographie/géométrie, statistiques. Les masters sont : sécurité de l'information et sciences de l'information géographique et statistiques.

*Remarque : je traduirai ici le terme geospatial science par celui de « sciences de l'information géographique ».*

Bien que les mathématiques et l'information géographique aient été regroupées, ces deux disciplines sont éloignées et divisent donc la SMGS en deux. Je vais ici présenter le côté « sciences de l'information géographique », qui nous intéresse plus ici.

Il est proposé plusieurs cursus, plutôt orientés vers les SIG, la cartographie ou la topographie.

Au sein de cette école, il y a aussi des programmes de recherche, accueillant beaucoup d'étudiants en doctorat. Voici la liste des différents groupes :

- *cartography and geographic visualisation* : s'intéresse aux SIG appliqués aux medias, internet... ;
- *Geographic Information System applications* : travaille sur les SIG appliqués au développement durable ;
- *measurement science* : GPS, géodésie, topographie ;
- *the centre for remote sensing and photogrammetric* : télédétection appliquée à l'étude des écosystèmes ;
- *the centre for risk and community safety* : SIG appliqué à la gestion des risques : gestion des propriétés, cadastre.

Simon Jones dirige le groupe de recherche portant sur la télédétection et l'enseigne également. Les personnes travaillant avec lui en doctorat ou en recherche sont liées également avec le GCI. J'ai ainsi rencontré Karin Reinke, Barbara Rasaiah et Koel Roychowdhury doctorante, travaillant pour Simon Jones et pour Paul James.

La SMGS est aussi en lien avec Monash University en matière d'ICU et de SIG.

## 4. Monash University

Le CCAP et la SMGS travaillent parfois en collaboration avec Nigel Tapper, de Monash University qui est professeur de sciences environnementales à la *school of geography and environmental science*. Il s'intéresse particulièrement à la climatologie et aux effets des changements climatiques sur la santé.

Il a une équipe de chercheurs et de doctorants dont certains travaillent avec la Mairie de Melbourne sur des problématiques de températures et d'effet d'Îlot de Chaleur Urbain (ICU), en observant les effets de la canicule de février 2009.

J'ai assisté à une réunion à Monash où j'ai rencontré Nigel Tapper et Andy Coutts et je leur ai montré ma proposition de projet. Ils ont accepté de me guider et de partager des données et des logiciels dans leurs locaux.

Shobhit Chandra, qui travaille aussi à Monash avec Nigel Tapper, est venu discuter avec Darryn McEvoy et moi à RMIT. Shobhit est géologue de formation ; il s'est ensuite spécialisé dans les SIG, qu'il enseigne. Par la suite, il m'a aidé à télécharger les données MODIS et à faire les prétraitements nécessaires à la dérivation de l'ICU. A partir du mois de septembre, il a en fait été engagé par l'équipe de Simon Jones à RMIT.

## 5. Les SIG dans la structure

Les SIG sont enseignés dans *the school of mathematics and geospatial science*. Le département qui assure aujourd'hui leur enseignement existe depuis le milieu des années 1970. Le master était alors orienté vers l'aménagement des territoires. Au milieu des années 1980, l'arrivée du numérique ajoute la composante SIG aux enseignements. Le nombre d'étudiants ne semble pas satisfaire la demande du marché, surtout en matière de topographe/géomètre, mais les locaux ne leur permettent pas pour l'instant d'accepter plus d'étudiants.

### 5.1. Les données et logiciels

Les logiciels mis à disposition des étudiants (et de moi même) :
- Une version d'ArcGIS 9.3.1, licence éducation, donnant le droit à tous les étudiants et professeurs d'obtenir une copie du logiciel durant un an (un exemplaire m'a été donné) ;
- Une version de MapInfo 9.5 ;
- ERDAS IMAGINE 9.3 que j'utilise dans les locaux du SMGS;
- IDL ENVI 4.7 que j'utilise dans les locaux du SMGS;
- Definiens eCognition ;
- Statistica ;
- SPSS (analyses statistiques).

RMIT a une convention avec plusieurs organismes qui lui fournissent un grand nombre de données. Elle peut ensuite les partager avec les étudiants. Cette base se trouve sur un des disques durs du serveur réseau de l'université, il faut demander le droit d'y avoir accès et ce sur n'importe quel ordinateur de l'université. Elle s'enregistre ensuite dans les disques disponibles dans les paramètres personnels.

Voici les organismes qui fournissent des données :
- ABS (*Australian Bureau of Statistics*), qui est l'équivalent de l'INSEE en Australie ;
- DSE (*Department of Sustainability and Environment*), Ministère de l'Environnement de l'état de Victoria, anciennement appelé DRE (*Department of Natural Resources and Environment,* des données possèdent d'ailleurs encore ce nom) ;
- DPI (*Department for Planning and Infrastructure*) ;
- DOI (*Department of Infrastructures*).

GDA (*Geocentric Datum of Australia*) est le système de projection le plus utilisé en Australie. Il remplace l'*Australian Geodetic Datum (AGD)* afin de le rendre compatible avec les GPS. Il utilise comme système de référence une grille UTM utilisant l'ellipsoïde GRS80.

# II/ LES MISSIONS DU STAGE

La première étape de recherche de sujet s'est tellement étendue qu'il a vite paru inévitable de prolonger la période de mon stage d'un mois. Sinon je n'aurais pas pu avoir une expérience satisfaisante et terminer mon mémoire de manière pertinente. J'ai appris mi-juillet que j'allais travailler sur une commande pour la *City of Melbourne* et recevoir un salaire. Bien que celle-ci réceptionne mes résultats, c'est RMIT qui me paye.

## 1. Les commanditaires : the City of Melbourne

J'ai choisi de traiter dans deux parties différentes la structure d'accueil et les commanditaires de ma mission. En effet ces derniers je ne les ai rencontré qu'une fois et n'ai jamais travaillé dans leur bureaux. La personne qui s'intéresse au projet espaces verts/températures est Krista Milne, la directrice du pôle *sustainability faisant* partie du département *City planning and infrastructure*.

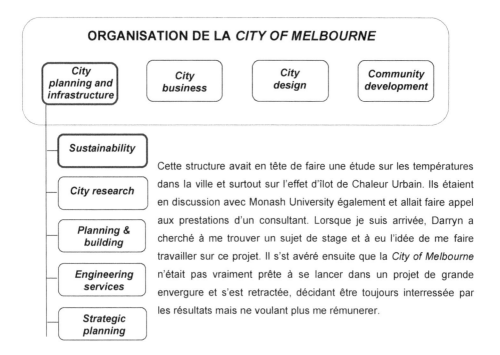

**ORGANISATION DE LA *CITY OF MELBOURNE***

Cette structure avait en tête de faire une étude sur les températures dans la ville et surtout sur l'effet d'îlot de Chaleur Urbain. Ils étaient en discussion avec Monash University également et allait faire appel aux prestations d'un consultant. Lorsque je suis arrivée, Darryn a cherché à me trouver un sujet de stage et à eu l'idée de me faire travailler sur ce projet. Il s'est avéré ensuite que la *City of Melbourne* n'était pas vraiment prête à se lancer dans un projet de grande envergure et s'est retractée, décidant être toujours interressée par les résultats mais ne voulant plus me rémunerer.

**CITY OF MELBOURNE**

## 2. Le contexte

### 2.1. Les changements climatiques et les villes

Les changements climatiques sont vus par certains comme une des menaces les plus importantes des prochaines décennies. Ils sont placés dans les priorités des décisions politiques et constituent un sujet de débat grandissant dans les domaines scientifiques, géographiques, littéraires... (McEvoy 2007). Les scientifiques sont toujours plus nombreux à valider cette thèse et l'arrivée à un quasi consensus ne permet plus de douter : les activités humaines accélèrent le processus de réchauffement climatique. Il ne faut plus seulement parler de problèmes écologiques, il est devenu évident que les sphères économiques et sociales vont être affectées (McEvoy 2007). Les villes sont les premières responsables des émissions de gaz à effet de serre et elles ont donc un rôle majeur à jouer sur leur réduction

Il y a dès lors trois possibilités : ne rien faire, réduire les émissions ou apprendre à s'adapter (Pauleit 2003). Continuer la première n'est pas viable, la deuxième option semble aller de soi et les gouvernements penchent de ce côté, ou semblent le faire, la troisième est l'orientation choisie par le CCAP (McEvoy 2007). En effet les villes globales sont extrêmement vulnérables et la plupart ne sont pas préparées aux changements climatiques. Elles sont responsables des émissions d'effet de serre les plus élevées (75 pour cent des gazs à effet de serre produits par l'homme) et 50 pour cent de la population mondiale y vit (Wilby 2007). 10 pour cent de la population vit dans des villes situées à moins de 10 mètres d'altitude et l'élévation du niveau des mers pourrait avoir des conséquences dévastatrices, auxquelles il est préférable de se préparer. La vision du CCAP est que bien qu'il soit urgent de réduire les émissions, les effets sont irrémediables dûs à l'inertie du système climatique et aux émissions passées et présentes, déjà coincées dans notre atmosphère.

Les impacts majeurs des changements climatiques sur les villes sont : l'augmentation de température, la modification des précipitations, l'intensification des îlots de chaleur urbains, les maladies infectieuses, la pollution de l'air, la fonte des glaces, l'augmentation du niveau de la mer, les tempêtes côtières.

## 2.2. Le cas de l'état de Victoria

L'Australie est une monarchie parlementaire fédérale, faisant partie du Commonwealth. On dénombre 22 358 400 habitants pour une densité de 2.6 hab. /km², suivant l'*Australian Bureau of Statistics.* Voici une carte montrant les différents états du pays :

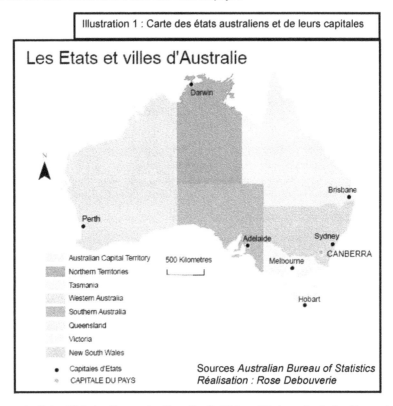

Illustration 1 : Carte des états australiens et de leurs capitales

Il y a six états (Victoria, Tasmania, New South Wales, Western Australia, Queensland, et Southern Australia) et deux territoires (Northern Territory et Australian Capital Territory, correspondant à Canberra). Les états ont leurs propres gouvernements, appelés « *Government of* ...Victoria (par exemple) » alors que les territoires sont soumis à des règles particulières : le gouvernement australien peut poser son veto sur toutes décisions prises par les gouvernements. Le gouvernement australien est appelé *Federal Government* ou *Commonwealth Government.*

En ce qui concerne les changements climatiques, l'état de Victoria est surtout sujet aux sécheresses et *bushfires.* En février 2009, une canicule a eu des effets dramatiques et a été très mal gérée. Entre les 27 et 31 janvier, la température a dépassé les 43°C pendant trois jours consécutifs pour atteindre un pic de 45.1°C le 30 janvier. Le 7 février, 46°C ont été atteints. Cette température de 12°C supérieure à la moyenne est la plus forte jamais enregistrée (Government of Victoria, Department of Health, 2009). Les infrastructures électriques ont été gravement touchées, notamment car soumises à de trop fortes demandes en air conditionné et à l'arrêt des plus gros transformateurs, résultant en une panne de courant qui a mis 500 000 habitants dans le noir pendant des périodes oscillant entre une heure et deux jours. La canicule a aussi conduit à la mort de 374 personnes selon les estimations (Victorian Government 2009b).

Cela a conduit à un autre événement majeur : le 7 février 2009, une série d'incendie a brulé 4 500 km$^2$ de *bush* en Victoria. 400 foyers différents ont démarrés, conduisant à la plus grosse perte humaine qu'a connu l'Australie : il y eu 173 morts et 414 blessés. Depuis, ce jour est appelé le *Black Saturday* (Government of Victoria, Department of health, 2009).

Les deux événements n'ont pas eu le même poids médiatique, laissant les morts de la canicule occultés le plus possible. Les *bushfires* sont moins problématiques pour le gouvernement car ce sont des événements naturels visibles contre lesquels il est difficile de lutter. Les morts de la canicule par contre ont été des personnes âgées, socialement isolées essentiellement. Les chiffres des 374 morts n'ont pas été communiqués.

Les projections climatiques ont prévues que le sud est de l'Australie allait devenir plus sec et plus chaud (City of Melbourne 2010b). De 1998 à 2007, les moyennes annuelles de températures étaient de 0.4°C supérieures à ceux de la moyenne des 30 années précédentes. Pendant la même période, la région a connu une réduction de 14 pour cent de la moyenne de ses précipitations (City of Melbourne 2010b).

L'IPCC (*International Panel for Climate Change*) a émis différents scénarios de projections des changements climatiques pour l'état de Victoria. Voici un tableau qui recoupe les scénarios, pour 2030 et 2070 (City of Melbourne 2010b) :

**Illustration 2 : projections climatiques pour l'état de Victoria**

| Climate variable | | Now | 2030 (A1B) | 2070 (A1FI) |
|---|---|---|---|---|
| Victoria | | | Estimate of change | Estimate of change |
| Temperature | Annual average temperature | Max 18.7°C Min 8.3°C | +0.9°C (0.6 to 1.1°C) | +2.6°C (1.8 to 3.7°C) |
| Extreme temperature | Annual average number of hot days (over 35°C) | 9 days | 11 days (10 to 13 days) | 20 days (15 to 26 days) |
| | Annual average number of warm nights (above 21°C) | Not available | Not available | 15-50%[1] |
| Rainfall | Annual average rainfall | 864 mm | -4% (-8% to no change) | -11% (-24% to no change) |
| | Summer | 166 mm | -2% (-10 to +7%) | -7% (-31 to +21%) |
| | Autumn | 213 mm | -2% (-8 to +5%) | -5% (-24 to +15%) |
| | Winter | 245 mm | -4% (-11 to +1%) | -11% (-26 to +4%) |
| | Spring | 152 mm | -7% (-17 to no change) | -21% (-41 to -1%) |
| Extreme rainfall | Heavy rainfall intensity (99th percentile) | Not available | +0.9% (-7.7 to +15.2%) | +5.9% (-24.9 to +48.9%) |
| Wind speed | Annual daily extreme wind-speed | Not available | No change (-5 to +4%) | No change (-16 to +13%) |
| Sea level rise | Average sea level rise[t] | Not available | +5-15cm | +26-59cm |
| Additional | Annual average potential evaporation | Not available | +3% (1 to 5%) | +9% (2 to 17%) |
| | Annual average relative humidity | 59% | -0.8% (-1.2 to -0.1%) | -2% (-4 to -0.3%) |
| | Annual average number of very high and extreme forest fire danger days[t] | 9 days | +2 days | +6 days |

## 2.3. Le cas de Melbourne

Melbourne est la capitale de l'état de Victoria et compte 80 000 habitants en 2008 pour 36,5km$^2$ (City of Melbourne 2010b). On utilise beaucoup plus souvent les données de l'agglomération de Melbourne, qui est la deuxième plus grande agglomération d'Australie après Sydney, avec une population de 3 600 800 en Juin 2009, pour 8 800 km$^2$. C'est l'agglomération qui gagne le plus d'habitants du pays avec une augmentation de 93 000 habitants entre juin 2008 et 2009.

Le *Central Business District* (CBD) est le cœur de Melbourne appelé *Melbourne Inner-City*. Autour de lui l'agglomération s'étend sur plus de 40km au sud, 30km à l'est le long de la chaine de montagne des Dandenong, à 20km au nord et s'étire de manière beaucoup moins dense à l'ouest. Le CBD possède la plus forte densité du pays avec 7 800 Hab. /km$^2$. L'agglomération en compte 520.

365 000 personnes viennent travailler dans la ville chaque jour, 93 pour cent d'entre eux habitant en zone périurbaine, 85 pour cent d'entre eux utilisent leur voiture... (City of Melbourne 2010b). Une forte pression démographique pèse donc sur la ville (Victorian Government 2008). En 2026, selon l'ABS (2010), la population de l'agglomération devrait avoir gagné 1 000 000 d'habitants.

Le centre ville est saturé, l'agglomération s'étend donc de plus en plus. 600 000 logements sont attendus, parmi lesquels 316 000 seront dans les parties déjà urbanisées et 284 000 dans des nouveaux quartiers. Le gouvernement essaye d'y répondre par différents moyens : redensification des centres villes, incitation à utiliser les moyens de transport propres (Pauleit, Ennos & Golding 2005). Les espaces naturels autour de l'agglomération de Melbourne subissent l'expansion urbaine, la faune voit son territoire se réduire (Pauleit 2003), les habitations se construisent de plus en plus proches des zones subissant des feux de forêt (Green Wedges Coalition 2002). L'Australie est un pays relativement neuf, sa faune et sa flore sont donc encore préservés et riches, mais cela le rend aussi plus vulnérable car les systèmes n'ont pas eu le temps de s'adapter à ces brusques changements.

Melbourne est une métropole côtière soumise aux risques d'élévation du niveau des océans et à l'augmentation des événements météorologiques majeurs venant de la mer. La ville est vulnérable aux risques d'inondation dûs à des orages de grande amplitude appelés *storm surges*. Le 6 mars 2010, le centre ville a été recouvert par un mètre d'eau, paralysant totalement la circulation. Ce genre d'événement est à nuancer car ils restent rares mais les changements climatiques risquent d'augmenter leur fréquence.

## 2.4. Différents problèmes environnementaux posés par les villes

**Effet d'Îlot de Chaleur Urbain (ICU)** : ce phénomène est observé partout dans le monde (Gartland 2008). Il est défini comme (Coutts et al 2009) un phénomène par lequel la température dans les villes dépasse de plusieurs degrés les espaces ruraux alentours. Son intensité (magnitude) est donnée par la différence entre la température dans la ville et la température alentour. Il se fait surtout sentir le soir, en été, lorsque la température est supposée réduire, les espaces ruraux se refroidissent beaucoup plus vite que les villes. Cet ICU est le résultat de la construction de surfaces imperméables (parkings, routes, bâtiments...) qui ne sont pas réflectives et qui absorbent et piègent l'énergie solaire (Rosenzweig et al 2006).

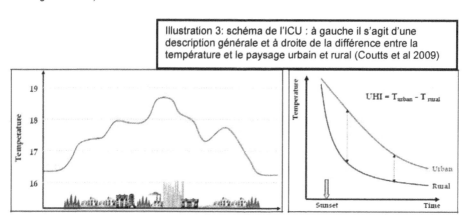

Illustration 3: schéma de l'ICU : à gauche il s'agit d'une description générale et à droite de la différence entre la température et le paysage urbain et rural (Coutts et al 2009)

Il y a trois raisons qui entraînent un excès de chaleur dans la ville : premièrement, les matériaux utilisés sont imperméables ce qui empêche toute humidité d'être disponible pour disperser la chaleur du soleil. Deuxièmement, les matériaux les plus foncés et le réseau en canyon du centre ville piègent beaucoup plus d'énergie (Gartland 2008). Troisièmement, la chaleur anthropique telle que celle rejetée par les voitures, les industries, contribue aussi à la formation de l'ICU.

La chaleur monte dans l'atmosphère, créant une couche empêchant l'air montant de refroidir comme il devrait le faire normalement et empêchant la dispersion des polluants. C'est pourquoi les environnements urbains stockent plus d'énergie solaire que les autres. À la nuit cette chaleur est finalement doucement libérée, créant l'ICU (Coutts et al 2009). Un autre élément inquiétant réside dans le fait que plus les villes tendent à s'agrandir, plus l'aire d'influence de l'ICU augmente, rendant les effets des changements climatiques plus importants (Frumkin 2002).

L'ICU augmente le stress thermique, surtout en période de canicule, empêchant la température de retomber durant la nuit et donc la population de se remettre, ce qui entraîne l'utilisation exagérée d'air conditionné (Gartland 2008).

A Melbourne, l'ICU a été étudié surtout par Monash University. Dans une étude par Coutts et al (2009), le phénomène est quantifié avec une magnitude allant de 2 à 4°C avec des pics journaliers pouvant monter jusqu'à 7°C.

**Écoulement des eaux de pluies** : la construction de surfaces bétonnées a un impact sur le cycle hydrologique. Le ruissellement des eaux de pluies se créé lorsque leur intensité dépasse la capacité d'infiltration du sol (Gill et al 2007). Des surfaces telles que les parkings ou les routes rendent toute infiltration impossible (Fam et al 2008*)*. Cette eau s'écoule alors jusqu'aux cours d'eau, arrivant non filtrée naturellement par le sol et entraînant avec elle des particules polluées : carburant automobile, métaux (Gartland 2008)... De plus, l'infiltration permet de réguler les eaux de pluie et les cours d'eau ne sont pas forcément aptes à recueillir tout le ruissellement, pouvant entrainer des inondations ou des débordements des réseaux d'égouts.

**Pollution de l'air** : La qualité de l'air a été un problème majeur du siècle dernier et une nette amélioration a été observée (Tyrväinen et al 2005). Pourtant, les zones urbaines produisent de nombreux polluants, tels que les oxydes d'azotes, l'ozone et des composés organiques volatiles. En raison des futures élévations de température leur concentration risque d'augmenter.

## 3. Les missions

Avec les changements climatiques, la température urbaine est un souci grandissant. Surtout dans une ville comme Melbourne où les températures dans les zones rurales environnantes peuvent monter jusqu'à 40°C et que la température dans la ville est de 4 à 5°C supérieure. La population ne peut pas se remettre de la chaleur de la journée à cause de l'ICU qui empêche à la nuit la ville de rendre l'énergie stockée. Les conséquences sur la santé sont surtout importantes pour les populations les plus vulnérables, qui sont les personnes âgées, les nouveau-nés, les personnes malades ou handicapées et les personnes socialement isolées.

Plusieurs solutions pour réduire les températures urbaines ont été trouvées, telles que le développement de toits blancs ou de toits végétaux pour que l'énergie solaire ne soit pas stockées mais réfléchie, ou la construction ou densification des parcs.... La *City of Melbourne* veut prendre des mesures dans les prochaines années en faveur de la réduction des températures mais pour se faire, elle se doit de bien comprendre ces tendances et d'identifier les zones nécessitant le plus d'attention. Elle cherche également à comprendre quelles relations existent entre les températures et les occupations du sol.

Lors de la recherche de mon sujet, je suis passée par plusieurs phases. Je me suis d'abord intéressée au projet ANGSt (*Accessible Natural Greenspaces Standards*) : développé en Angleterre au début des années 1990, des études ont prouvées que les espaces verts avaient différents impacts positifs (Handley et al 2002). Ils peuvent améliorer l'environnement, rendre une ville plus attractive en offrant des possibilités d'activités extérieures, augmenter les valeurs foncières de quartiers et améliorer la santé en incitant à la pratique d'activités physiques (Pauleit et al 2003). Le modèle ANGSt montre que les gens ont tendance à se rendre dans un espace vert s'il est à moins de 400 mètres à pied de chez lui.

De plus, le modèle est allé plus loin avec ces affirmations :

**Toute personne devrait avoir autour de chez lui:**

- au moins 2ha de Local Nature Reserve pour 1000 habitants ;
- tout le monde devrait vivre à moins de 300m d'un espace vert ;
- au moins un espace vert de 20ha accessible dans les 2km ;
- au moins un espace vert de 100ha accessible dans les 5km ;
- au moins un espace vert de 500ha accessible dans les 10km.

L'application dans un projet SIG de ce modele est évidente. Cependant, une entrevue avec une architecte paysagiste, Julia Werner, a changé mes objectifs. Elle trouvait que ce modèle était impossible à appliquer pour Melbourne et qu'il n'était question que d'accessibilité et non de changements climatiques.

Ensuite, je me suis demandée quelle était la relation entre espaces verts et changement climatiques. Selon Tyrväinen et al (2005) et Fam et al (2008), ils peuvent :

- réduire la température par l'ombre direct, l'évapotranspiration ou la modification de l'albédo () ;
- réduire l'écoulement des eaux de pluies ;
- améliorer la biodiversité ;
- éviter l'érosion du sol ;
- piéger la pollution.

L'analyse de l'ICU est assez demandée en ce moment et les SIG et la télédétection sont des outils pertinents. J'ai choisi de me pencher sur ce thème, en accord avec les personnes travaillant avec moi. Pendant mes recherches, il est apparu que Monash University travaillait sur ce thème. Ils m'ont appris que la *City of Melbourne* était intéressée par une étude. Lors d'une réunion à la mairie, Darryn a abordé le sujet apprenant qu'ils étaient intéressés et en discussion pour engager un consultant. Darryn leur a alors parlé de moi et de son désir de travailler, plus souvent en collaboration avec la sphère publique. Ils lui ont demandé de revenir avec une proposition de projet, qu'ils ont accepté. Ce projet continuera après mon stage, rassemblant différentes personnes. Mon rôle est de réaliser une étude pilote qui servira de base à un projet de plus grande ampleur. Il faut savoir qu'à ce stade je pensais recevoir un financement de la *City of Melbourne*, alors que j'ai finalement été payée par RMIT, recevant un salaire conséquent pour mes deux derniers mois de travail.

Ce projet est à l'initiative du Victorian Centre for Climate Change Adaptation Reasearch (VCCAR), dont Darryn McEvoy est le directeur adjoint. Il s'étalera sur une période de 18 mois, à partir de janvier 2011. L'objectif est d'évaluer l'efficacité de différents systèmes d'espaces verts pour la réduction des températures afin de developper une approche systématique permettant aux aménageurs de sélectionner les meilleurs options. En janvier, un avion va survoler la *City of Melbourne* pour relever les températures de l'air ; il sera aussi équipé d'une caméra à infrarouge. Ce type de collecte des donnnées est relativement couteux mais l'avantage considérable est que la résolution spatiale est plus élévée que celle des autres types d'imagerie aérienne. De plus, le choix du jour et de l'heure est libre. L'avion volera donc pendant l'été et à la nuit pour mesurer l'effet d'ICU.

Le sujet de l'étude pilote est :

**« Analyse de l'évolution spatio-temporelle des températures au sol de la ville de Melbourne et de leurs relations avec la morphologie urbaine »**

**Les objectifs/missions émis par la ville de Melbourne :**

- analyse temporelle de l'effet d'Îlot de Chaleur Urbain dans la *Cityof Melbourne* :
  L'objectif est de déterminer les « points chauds urbains » pour une analyse ultérieure plus détaillée ;
- analyse des variations de température au sol avec la morphologie urbaine :
  L'objectif est d'observer les variations de température dans l'espace et d'identifier l'influence des différents types d'occupation du sol.

Voici la carte présentant la localisation de la *City of Melbourne* et de ses différents quartiers. Au sud, c'est la Baie de Port Phillip qui se jette dans l'Océan Antarctique. Cette carte permet de remarquer les trois grands parcs, les trois majeurs cours d'eau, ainsi que les constructions anthropiques entre Port Melbourne et les Docklands qui servent au port.

Illustration 4 : carte de localisation de la ville de Melbourne

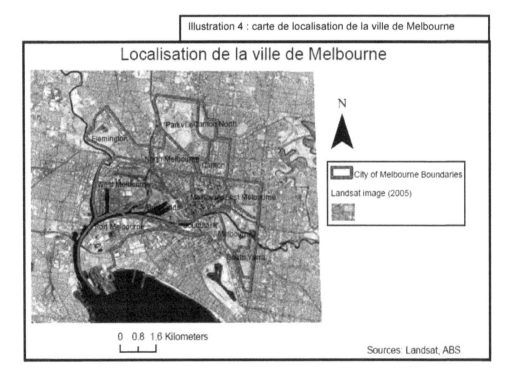

# III/ MÉTHODOLOGIE

Mon stage a eu deux missions, que je nomme « tâche 1 » et « tâche 2 ».

**Tâche 1** : « Analyse de séries temporelles de l'ICU à Melbourne », de septembre à mi-octobre ;

**Tâche 2** : « Étude des variations de température en fonction de la morphologie urbaine », de mi-octobre à mi-novembre.

## 1. Définitions

- **adaptation** (*adaptation*) : selon la *City of Melbourne* (2010b) c'est « l'ajustement des systèmes naturels ou humains en réponse à des stimuli climatiques ou leurs effets, afin d'atténuer les effets néfastes ou d'exploiter des opportunités » ;
- **canicule** (*heat wave*) : c'est une période prolongée pendant laquelle les températures sont supérieures à la moyenne. Les seuils sont différents pour chaque lieux, il est donc difficile d'établir un seuil d'alerte. D'autant plus que les canicules sont vues comme des évènements passifs. Pourtant, les chiffres montrent bien que les dégâts peuvent être importants ;
- **Effet d'Îlot de Chaleur Urbain** : se référer au II/2.4 ;
- **espaces verts** (*greenspaces*) : selon Hadley (2006, p.2), ce sont « des endroits où la structure de la végétation et la qualité de son entretient permettent d'obtenir une flore diverse et distinctive qui ne serait pas sinon rencontrée dans l'environnement urbain ». Cette définition montre bien que nous parlons ici des espaces urbains. Récemment, le vocabulaire s'est développé avec des termes tels que : « trames vertes », « forêts urbaines » (en anglais : *Urban woodland*, *Green Infrastructure* (Tyrväinen et al 2005)). « Espaces verts » comprend ici (liste non exhaustive) : parcs et jardins publics, terrains de sports, cimetières et jardins d'églises, friches urbaines, jardins privés, fermes en bordures des villes, rivières, étangs et réservoirs... ;
- **points chauds urbains** (*urban hot-spots*) : terme surtout utilisé en géologie décrivant des zones fixes sous le manteau terrestre qui sont plus chaudes que d'autres de mêmes profondeurs. Au niveau urbain, ce sont des zones oùj la température est plus élevée que d'autres zones proches ;
- **télédétection** (*remote sensing*) : science qui mesure des informations sur un objet, un phénomène (surface, atmosphère) grâce à un instrument qui n'est pas en contact avec lui : un capteur placé sur un satellite. La télédétection utilise le phénomène physique des rayonnements électromagnétiques et leurs interactions avec la matière qui renvoie des rayonnements au capteur. Les valeurs mesurées par le capteur permettent de différencier les objets mais aussi de caractériser leur état (état de la végétation, nature du sol...) (Colse Aquilberte 2008).

# 2. Planning du stage

**Mois:** Mai | Juin | Juillet | Août | Septembre | Octobre | Novembre

**Semaine:** 19 20 21 | 22 23 24 25 | 26 27 28 29 30 | 31 32 33 34 | 35 36 37 38 39 | 40 41 42 43 | 44 45 46

**Phase 1 : Prise de contact, recherche de sujet**

- Arrivée du stagiaire
- Lectures sur les changements climatiques
- Rencontre de personnes clées
- Réunion avec The School of Mathematics and GeoSpatial Science': décision du thème: espaces verts

**Phase 2 : Réflexion sur le projet ANGSt et les espaces verts**

- Lectures sur le projet ANGSt : projet originel et travaux précédants sur le sujet
- Elaboration d'une méthodologie se basant sur celle développée par les créateurs du projet ANGSt
- Rencontre avec une chercheuse architecte du paysage : Julia Werner: abandon de ANGSt; réorientation vers relations changements climatiques/espaces verts pour entrer dans les lignes du CCAP

**Phase 3 : Le sujet change: analyse des températures/Effet d'îlots de Chaleur urbains/morphologie urbaine**

- Récuperation et analyse de la base de données de l'ARCUE qui recense les espaces verts
- Nouvelles lectures sur l'Effet d'îlot de Chaleur Urbain et les différentes études sur le sujet
- Rédaction d'une bibliographie commentée de 20 pages
- Discussion préliminaire entre the City of Melbourne et Darryn McEvoy; ils veulent engager un Consultant pour analyser l'ICU
- Rédaction d'une proposition de projet préliminaire afin de le présenter
- Réunion avec la City of Melbourne pour leur présenter mon projet (3 reunions)
- Réunion avec Nigel Tapper de Monash University: collaboration et appui technique

**Phase 4 : Mise en application du projet**

- Analyse comparative de différents satellites pour utiliser les images thermales
- Réalisation de la méthodologie
- Présentation au CCAP : School of Mathematics and GeoSpatial Science' et City of Melbourne

**Phase 5 : Traitements et analyses de la tâche 1**

- Réunion avec Monash et téléchargement des données satellites (MODIS + Landsat )
- Prétraitements et observation des images MODIS
- Traitements des images
- Validation des résultats (Bureau of Meteorology)
- Analyses de séries temporelles et Géostatistiques
- Resultats

**Phase 6 : Traitements et analyse de la tâche 2**

- Prétraitements et observations des images Landsat
- Traitements des images
- Classification des types d'occupation du sol
- Validation des données (Google Street View et Bureau of Meteorology)
- Analyses
- Resultats
- Rédaction des rapports

## 3. Organigrammes des tâches

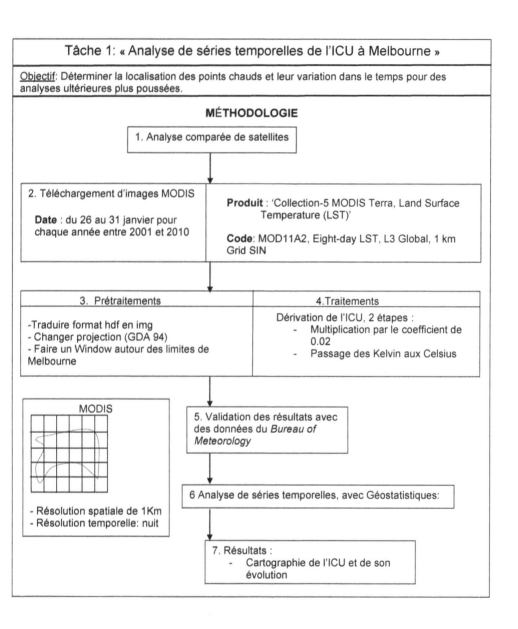

### Tâche 1: « Analyse de séries temporelles de l'ICU à Melbourne »

<u>Objectif</u>: Déterminer la localisation des points chauds et leur variation dans le temps pour des analyses ultérieures plus poussées.

**MÉTHODOLOGIE**

1. Analyse comparée de satellites

2. Téléchargement d'images MODIS

**Date** : du 26 au 31 janvier pour chaque année entre 2001 et 2010

**Produit** : 'Collection-5 MODIS Terra, Land Surface Temperature (LST)'

**Code**: MOD11A2, Eight-day LST, L3 Global, 1 km Grid SIN

3. Prétraitements

-Traduire format hdf en img
- Changer projection (GDA 94)
- Faire un Window autour des limites de Melbourne

4.Traitements

Dérivation de l'ICU, 2 étapes :
- Multiplication par le coefficient de 0.02
- Passage des Kelvin aux Celsius

MODIS

- Résolution spatiale de 1Km
- Résolution temporelle: nuit

5. Validation des résultats avec des données du *Bureau of Meteorology*

6 Analyse de séries temporelles, avec Géostatistiques:

7. Résultats :
- Cartographie de l'ICU et de son évolution

# Tâche 2: « Étude des variations de températures avec la morphologie urbaine »

Objectif: Observer plus en détail les variations de température de jour et l'influence de la morphologie urbaine.

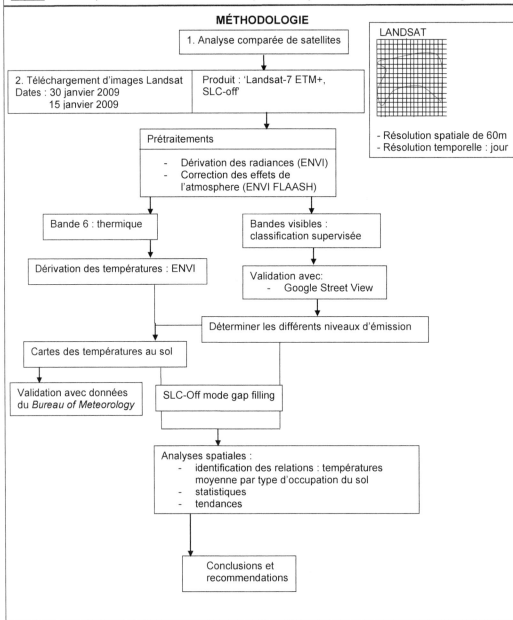

**MÉTHODOLOGIE**

1. Analyse comparée de satellites

LANDSAT

- Résolution spatiale de 60m
- Résolution temporelle : jour

2. Téléchargement d'images Landsat
Dates : 30 janvier 2009
        15 janvier 2009

Produit : 'Landsat-7 ETM+, SLC-off'

Prétraitements
- Dérivation des radiances (ENVI)
- Correction des effets de l'atmosphere (ENVI FLAASH)

Bande 6 : thermique

Bandes visibles : classification supervisée

Dérivation des températures : ENVI

Validation avec:
- Google Street View

Déterminer les différents niveaux d'émission

Cartes des températures au sol

Validation avec données du *Bureau of Meteorology*

SLC-Off mode gap filling

Analyses spatiales :
- identification des relations : températures moyenne par type d'occupation du sol
- statistiques
- tendances

Conclusions et recommandations

## 3.1. Élément commun aux deux tâches : analyse comparée des satellites

| Satellites | Capteurs | Canaux | Taille de l'image | Résolution spatiale | Resolution temporelle | Disponibilité | Date | Avantages | Défauts |
|---|---|---|---|---|---|---|---|---|---|
| MODIS | Terra | 36 bandes; 0,4-14,4µ | 1200*1200 Km | 1Km/500m (moyen) | Jour et nuit globale toutes les 24h | Gratuit | 2002 | Nuit, bonne qualité, déjà traduit en LST: gain de temps | Résolution spatiale faible pour l'étude |
| DMSP | | VNIR 0.4-1.1µ | 3000Km | 1Km/500m (medium) | | RMIT | 1999 | Peu utilisé donc plus original | Monash ne l'a jamais utilisé |
| Landsat | 7 ETM+ | 6 bandes réflectives; 1 thermique ; 1 panchromatique | 180Km | 30m 60m en thermique | 16 jours | RMIT | 1999... | Haute résolution spatiale | Jour : problème de SLC ; LST à traduire |
| | 5 TM | 3 VIS, 1 NIR, 2 MIR, 1 TIR | 180Km | 30m 60m en thermique | 16 jours | | 1982... | | Faible résolution spatiale sur la bande thermique |
| NOAA 15 | AVHRR/3 | 3 bandes dans le visible et l'infra-rouge et 3 bandes dans le thermique | 3000Km | 1Km (moyen) | 4 jours | Gratuit | 1998 | | |
| SPOT 1-5 | | 2 VIS (bande 1: vert; bande 2: rouge), 1 NIR (bande 3), 1 MIR (bande 4) | 2*60Km | (Haute) 2.5m - 20m | 26 jours | | 1986-... | Haute résolution spatiale | Pas de bande thermique |
| ASTER | Terra | 3 bandes visibles 5 bandes thermiques | 60Km | 90m en thermique, 15m en VNIR | 16 jours | gratuits, d'autres non | | | |
| MSP | | | | | | RMIT = 30 | | Mesure le % de réflectance | |
| Thermomètre infra-rouge | | | | | | RMIT = 2 | | Mesure la température utilisant la radiation d'un corps. | |
| Transect streetview | | | | Très haute | | | | | |
| Caméra infra-rouge | | | | | | Gratuit | | Gratuit, rapide, simple et sur / Très sur | |
| Avion | | | | | | 10.000$ | | On peut choisir le moment exact | Très cher |

Les travaux précédents sur l'ICU avaient surtout utilisés les images infrarouges thermiques de Landsat et MODIS. Le satellite du DMSP (*Defense Meteorological Satellites Program*), lancé par l'US Air Force aurait pu être utilisé également (RMIT l'a utilisé pour certaines études) ainsi que NOAA ou ASTER mais mes collègues de Monash m'ont conseillés d'utiliser MODIS pour la première étape et j'ai choisi Landsat pour la deuxième car il a la bande thermique avec la plus haute résolution spatiale à ce jour. Le principe de la télédetection infrarouge thermique est de mesurer l'énergie radiative émise par la surface terrestre, donnant ensuite la température (Faour, Shaban & Jaquet 2004).

Le tableau comparatif de la page précédente montre qu'il est difficile de ne réunir que des points positifs pour un satellite. L'intérêt de MODIS est qu'il passe deux fois par période de 24h, une fois le jour et une fois la nuit (l'élément particulier de l'ICU est qu'il se ressent la nuit, vers 12-3h du matin et surtout en été ou lorsque les jours sont les plus chauds). Il a aussi un produit appelé « 8-Day » qui regroupe les jours d'une semaine en faisant une moyenne des valeurs. Ce produit a été choisi pour cette étude car cela permet d'avoir des valeurs beaucoup plus objectives et représentatives. Cependant, sa résolution spatiale est très faible, 1km, ce qui suppose une forte hétérogénéité au sein des pixels. Considérant que notre échelle d'étude, la ville de Melbourne, recouvre $36,5km^2$, on obtient au final environ 36 pixels. Cette première étape est néanmoins valable car elle permet d'identifier les écarts entre les zones de la ville et surtout permet une vraie étude de l'évolution temporelle de l'ICU, phénomène caractéristique à la nuit.

Landsat ETM+, au contraire, (NASA 2010b) prend des images le jour et seulement une fois tous les 16 jours. Sa résolution spatiale est par contre très haute : 60m pour la bande thermique et 30m pour les autres bandes visibles ou PIR et MIR. Cependant, Landsat a un défaut conséquent: le Scan Line Corrector (SLC) n'est plus en fonctionnement (SLC-Off). Il s'agit d'un composant du satellite qui lui permettait lorsqu'il se déplaçait en avant de compenser et de prendre tout de même les images. Le 31 mai 2003, il est tombé en panne. Cela entraine de larges bandes de données manquantes recouvrant toutes les images Landsat depuis cette date (NASA 2010b).

Il existe aussi Landsat TM mais il a une résolution spatiale de 120m seulement pour la bande thermique. La possibilité d'étude et d'analyse s'affine donc beaucoup avec Landsat mais elle est réduite à l'étude de la température le jour, ce qui ne représente plus vraiment l'ICU. Cette deuxième étape s'intéresse surtout à la relation entre température et morphologie urbaine. Les différents éléments formant une ville ont-ils la même influence sur la température ? Certains types d'occupation du sol peuvent-ils aider à diminuer la température ?

(Voir annexe 1 et 2 pour plus d'informations sur les satellites utilisés).

## 4. Tâche 1, point par point

**a. Analyse comparée** : se référer à la page précédente

**b. Téléchargement des données MODIS** : je vais ici expliciter cette étape, point par point. Dans tous les articles scientifiques ou thèses que j'ai lus durant mon stage ce n'est jamais expliqué. Trouver les bonnes données sur le site n'est pourtant pas simple, il a fallu que des spécialistes me le montre :

- aller sur le site : https://lpdaac.usgs.gov/ ;
- cliquer sur *Products* ;
- cliquer sur *MODIS Products*. C'est la liste de tous les « produits » proposés par MODIS, on s'intéresse ici au :

| MOD11A2 | Terra | Land Surface Temperature & Emissivity | Tile | 1000m | 8 Day |
|---------|-------|---------------------------------------|------|-------|-------|

- cliquer sur ce produit. C'est une moyenne sur huit jours d'un autre produit MODIS, le MOD11A1 LST Daily (voir annexe 2 pour plus de détails sur ces produits) ;
- il est possible normalement de choisir entre les versions, pour ce produit, il n'y a que la 005 ;
- *overview* donne des informations générales. *Layer* informe quelles couches sera obtenue (il y en aura 12, la 5$^{ème}$ nous intéresse, c'est celle de la nuit). Pour l'instant, il faut téléharger toutes les couches. Ce tableau nous informe aussi sur les traitements qui seront réalisés après le téléchargement, tel que l'unité de température (ici le Kelvin) ou le coefficient par lequel il faudra multiplier la donnée, ici 0.02 ;
- onglet *Get Data*, (les étapes précédentes servaient à identifier les données que nous allons ensuite commander). Le « moteur de recherche des données » est choisi ici. Préférer WIST. / *Enter WIST* ;
- se créer un compte : *Login/Create Account* ;
- remplir le formulaire, l'E-mail est très important car c'est là que les données vont être envoyées. (Notification level ? Laisser par défaut). Cliquer sur *Continue* ;
- indiquer un mot de passe et changer de nom d'utilisateur, *Submit Registration* ;
- *account sign in* puis s'identifier ;
- la commande des données peut commencer : cliquer sur l'onglet *Search* ;
- choix entre les grands groupes de données : celles qui nous intéressent sont dans *Land*, MODIS/Terra (MODIS Aqua est un autre satellite) ;
- dans le rectangle blanc au-dessus s'affichent les différents produits. C'est ici que cela se complique car ils n'ont plus le même nom que lorsque nous avions cherché à l'étape précédente... Le produit qui nous intéresse s'appelle ici : « MODIS/Terra Land Surface Temperature/Emissivity 8-Day L3 Global 1km SIN Grid V005 » (cliquer dessus) ;
- descendre dans la page jusqu'à *Choose Search Area* (laisser le reste par défaut). Il faut maintenant choisir le périmètre d'étude en se déplaçant sur le planisphère et faisant un rectangle autour de la zone (utiliser le zoom). Il est aussi possible de rentrer les coordonnées géographiques ;
- descendre jusqu'à *Choose a date time range*. Pas besoin de spécifier d'heures (il va de toute façon nous donner les journées entières). Par contre nous voulons des dates précises : une semaine

chaude, la même, pour 2001 jusqu'à 2010. Des nuages viennent souvent réduire la qualité des images. Les images finales ne garderont que certains jours dans cette semaine. Les dates suivantes sont prises ici : du 26 au 31 janvier 2001 (*start date* : 2001-01-26 ; *end date* : 2001-01-31). Il faut répéter les étapes pour chaque année ;

- cliquer sur *Start Search,* la liste des fichiers dates, appelés « granules » est obtenue. Cocher toutes es lignes, puis cliquer sur *Add selection to cart* ;
- cliquer sur *Accept* ;
- Cliquer sur *Choose ordering Option* puis *next step*, puis *Go to Step 2 : ordering options*. Pour conserver les mêmes détails que pour l'identifiant, cliquer sur *step 3*, puis *Submit Order*. La commande va être envoyée sur l'adresse E-mail (cela peut être reçu en cinq minutes ou une journée) ;
- cliquer sur l'onglet *Search* et refaire les étapes en ne changeant que les dates ;

**c. Prétraitements** : lorsque les images MODIS arrivent dans la boite E-mail, il faut les enregistrer et les dézipper. Elles sont alors en format HDF (*Hierarchical Data Format*), format qui permet d'intégrer des librairies de données de grande taille.

- Conversion hdf. vers img. :
- Utilisation d'ERDAS Imagine pour intégrer les fichiers hdf. et les ressortir en img. :
- import hdf. (Direct read) ;
- Browse + output ;
- il réalise la conversion.

- Projection en GDA94 : les données MODIS sont en projection sinusoïdale. Chaque image contient 1200*1200 pixels. Il faut projeter les images MODIS en GDF94 qui est le système de projection de la couche « LGAmelbourne » (limites de la ville de Melbourne). J'ai réalisé cette projection sur ArcGIS mais il y avait toujours un décalage en y. J'ai donc été sur ERDAS Imagine où il y a une option « forcer les pixels à se projeter ». Cela a fonctionné, les couches rasters se superposant avec la couche vecteur shape.

- Observation des images pour vérifier que des nuages ne viennent pas recouvrir la zone d'étude : 2004 est inutilisable, des nuages ont recouvert la zone toute la semaine. Je télécharge la semaine précédente pour 2004, du 18 au 24 janvier.

- Extraction des couches rasters reprojetées par la couche « LGAmelbourne ». (Méthode : « Extraction par masque »). Seules les données rasters se trouvant dans les limites de la *City of Melbourne* sont conservées.

- Dérivation de l'ICU : dans ArcGis, les images satellites sont ouvertes en choisissant bien la bonne couche (on veut la couche 5, qui est celle prise à la nuit).
- Multiplication des données par un coefficient de 0.02, cette information diffère pour chaque produit MODIS.
  (Méthode : ArcToolBox, Keyword « Times », choisir « Times (sa) »).
- Soustraire la donnée multipliée par 273.15, pour passer des Kelvin aux Celsius.
  (Méthode : ArcToolBox, Keyword « Minus », choisir « Minus (sa) »).

**d. Cartographie** : Les cartes sur les deux pages suivantes portent sur une représentation année par année des températures. La classification est ici particulièrement importante car les cartes seront comparées entre elles. J'ai choisi une classification manuelle en créant des classes correspondant aux valeurs entières. Les intervalles sont égaux mais certains ne comprennent qu'un ou deux pixels. Certaines cartes comprennent plus de classes que d'autres, l'écart type étant plus grand. La discrétisation a été compliquée car les valeurs sur une même carte sont souvent très concentrées, l'écart absolu étant pourtant grand entre minimum et maximum sur les 10 ans. Cela oblige à faire de nombreuses classes. Cela pose problème principalement au niveau des couleurs. J'ai ainsi du faire onze classes (de 12 à 23°C), car j'ai voulu garder de la précision sur mes valeurs. Les grandes valeurs sont donc en niveau de gris. Sur les cartes, j'ai choisi de laisser les maximums et minimums visibles dans la légende pour plus de précision.

**Commentaire cartographique** (cartes sur les pages suivantes) : ces dix cartes permettent d'un seul coup d'œil d'apprécier les évolutions des dix dernières années au niveau de l'ICU sur la ville. 2003 et 2004 ont été des années particulièrement fraiches avec des températures minimums à 12.5°C. L'année 2009, année de la canicule, est la plus chaude avec un maximum à 22.48°C. L'année 2005 a été très chaude également avec des maximums à 21°C. Les autres sont restées dans une moyenne, il n'est pas possible de remarquer de tendance par simple observation. C'est la raison pour laquelle nous allons utiliser des outils géostatistiques pour la suite.

Voilà le résultat après modification symbologique :

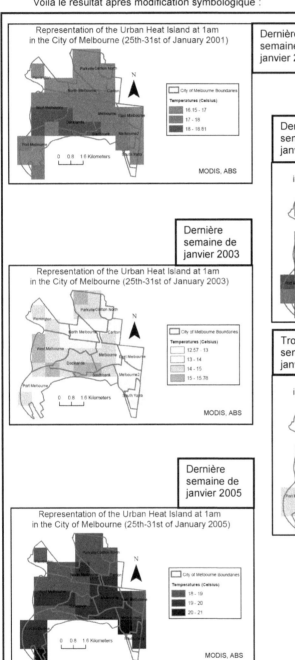

Illustration 5 : Cartes de représentation de l'ICU

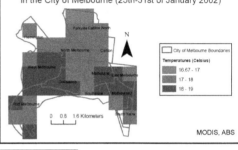

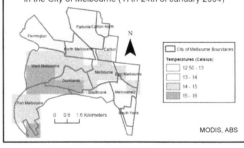

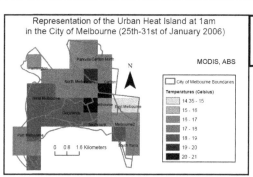

Dernière
semaine de
janvier 2006

Dernière
semaine de
janvier 2007

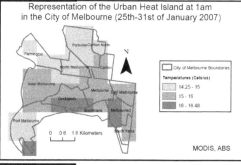

Dernière
semaine de
janvier 2008

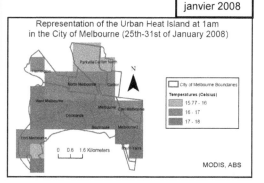

Dernière
semaine de
janvier 2009

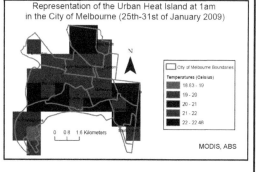

Dernière
semaine de
janvier 2010

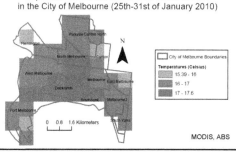

**e. Validation des données avec l'aide des données du *Bureau of Meteorology***

Avec l'équipe du CCAP, nous avons rencontrées des personnes travaillant au *Bureau of Meteorology*, Belinda Campbell et Shoni Maguire, qui est l'organisme australien équivalent de Météo France. Ils m'ont fait parvenir les relevés de température de la semaine étudiée pour chaque année. Un seul poste de relevé s'est avéré être dans les limites de la *City of Melbourne*. J'ai reçu des fichiers Excel et calculé la moyenne des températures dans la semaine à l'heure où passe le satellite (1h du matin) au-dessus de Melbourne. Voici le graphique, comparé avec les moyennes obtenus avec MODIS :

Illustration 6 : graphique des données du *Bureau of Meteorology*

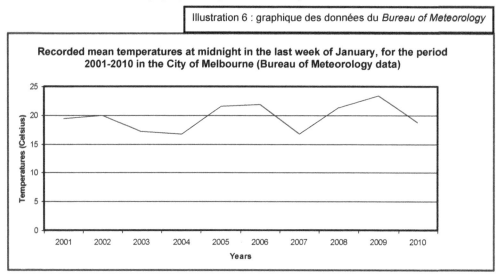

Ces deux graphiques sont similaires, les données MODIS sont donc validées. Certes il y a quelques écarts mais cela vient du fait que les données du *Bureau of Meteorology* ne correspondent qu'à un point.

Illustration 7 : graphique représentant les températures des données MODIS

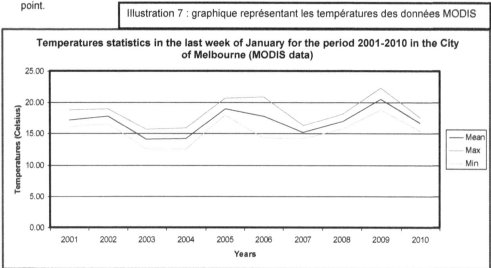

**f. Géostatistiques, premier niveau d'analyse.** Utilisation de Spatial Analyst :

L'objectif est ici de répondre à ces questions :
- Comment la température a t'elle évoluée entre 2001 et 2010 ?
- Les points chauds et points froids ont-ils changés de zones ?

**Outil** : Cell statistics. Cet outil réalise des calculs pixels par pixels et s'est avéré parfaitement adapté à cette analyse.

**Commentaire pour la discrétisation** : les cartes suivantes ne suivent pas la même discrétisation que précédemment. Cela nuisait trop à leur lecture et précision. J'ai donc choisi un autre code couleur. La méthode de classes d'égales amplitudes a été utilisée ici car elle est la plus adaptée pour comparer les différentes classes entre elles. Attention, l'échelle entre les cartes n'est pas la même, il aurait encore fallu mettre les valeurs en entier et cela entraîne une perte de précision. Deux périodes d'études sont ici crées : les cinq premières années (période 2001-2005) et les cinq dernières années (période 2006-2010).

Calcul de la température moyenne de chaque pixel sur la période 2001-2010:

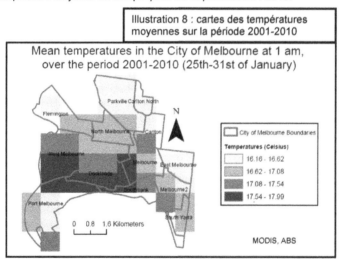

Illustration 8 : cartes des températures moyennes sur la période 2001-2010

Cette carte montre les endroits qui ont les températures les plus importantes, sur l'ensemble de la période d'étude. Les zones les plus claires, les quartiers de Parkville, Carlton North et East Melbourne sont des zones résidentielles. Les zones les plus chaudes sont soient des zones industrielles, soient des zones densément bâties. Avec notre résolution spatiale, il est difficile de faire plus de remarques sur l'occupation du sol.

Les deux cartes suivantes représentent les mêmes calculs mais en séparant les cinq premières années des cinq dernières.

Calcul de la température moyenne de chaque pixel sur la période 2001-2005 :

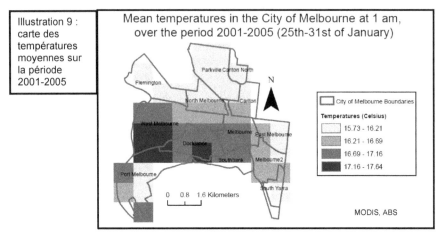

Illustration 9 :
carte des
températures
moyennes sur
la période
2001-2005

Calcul de la température moyenne de chaque pixel sur la période 2006-2010 :

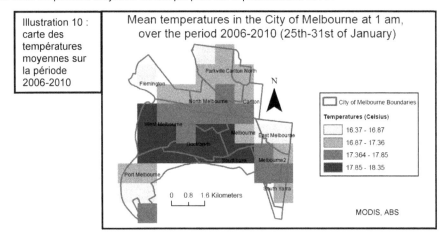

Illustration 10 :
carte des
températures
moyennes sur
la période
2006-2010

Les deux cartes précédentes montrent plusieurs choses : en cinq ans, les points les plus chauds se sont multipliés : en plus de rester regroupés vers l'ouest du centre, ils se sont étendus vers l'est. Les quartiers nord de Parkville et Carlton, où des températures parmi les moins chaudes avaient été enregistrées ont vu leur température augmenter, réduisant le nombre de pixel les plus froids.

L'effet de la mer semble être inexistant à cette échelle, ce sont les endroits les plus proches d'elle qui sont les plus chauds. Ces endroits sont bétonnés, pratiquement sans espace vert, nouvellement construits. Étonnamment, le CBD (pixel situé exactement sur le mot « Melbourne » ) est moins chaud que sa morphologie aurait pu le laisser croire. Pourtant la différence de type de construction est tellement indéniable qu'une intensification des températures aurait pu se faire attendre. Il semble donc que se soit plutôt les zones industrielles qui contribuent aux fortes températures.

Il s'avère également qu'en observant les moyennes, la température a augmenté de 0.96°C en moyenne entre les deux périodes. Voici le résultat obtenu après calcul de la moyenne des moyennes des deux derniers résultats, on obtient :

2001 à 2005 = 16.49°C

2006 à 2010 = 17.45°C

17.45 − 16.49 = 0.96°C

Calcul des températures maximums pour chaque pixel sur la période 2001-2010 :

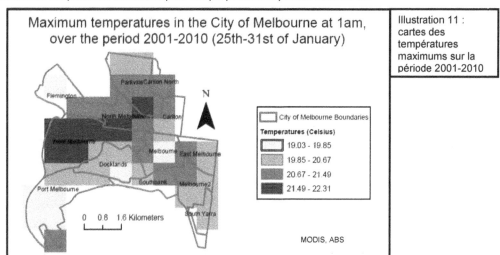

Illustration 11 : cartes des températures maximums sur la période 2001-2010

Je rappelle ici que les trois cartes suivantes ne sont pas faites sur les mêmes échelles et ne peuvent pas être efficacement comparées. Des comparaisons spatiales peuvent néanmoins être avancées : cette carte met en valeur des endroits différents que la carte des moyennes précédentes. Sur les dix années, les zones nord semblent concentrer les températures maximales, surtout sur la période 2005-2010 (voir cartes page suivante). Une hypothèse peut ici être émise impliquant le rôle de la Baie de Port Phillip jouant un rôle de réduction des températures sur les quartiers sud, alors que les quartiers du centre, densément bâtis et donc chauds et que les quartiers nord, bas et résidentiels mais éloignés de la mer, ne profitent pas de son effet de mitigation.

Pourtant, dans ce cas, pourquoi ce phénomène ne se serait pas déjà fait sentir sur la période 2001-2005 et pourquoi les températures moyennes ne représentent pas du tout ce phénomène?

Le pixel situé tout au sud de Port Melbourne et qui se détache sur les cartes de la période 2001-2010 et de la période 2001-2005 est assez particulier. Après avoir observé Google Earth (ce sont des espaces fermés au public), il s'agit d'une zone remarquablement vaste et entièrement bétonnée qui sert de zone de chargement ou déchargement pour les portes containeurs d'automobile (cela est flagrant lorsque l'outil permettant de remonter dans le temps sur Google Earth est utilisé).

Calcul des températures maximums pour chaque pixel sur la période 2001-2005 :

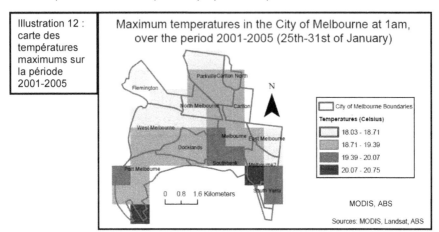

Illustration 12 : carte des températures maximums sur la période 2001-2005

Maximum temperatures in the City of Melbourne at 1am, over the period 2001-2005 (25th-31st of January)

Calcul des températures maximums pour chaque pixel sur la période 2006-2010 :

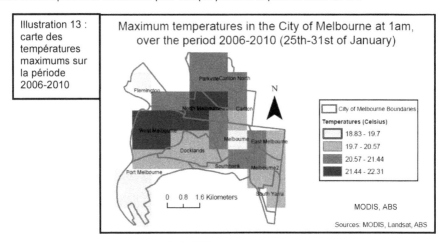

Illustration 13 : carte des températures maximums sur la période 2006-2010

Maximum temperatures in the City of Melbourne at 1am, over the period 2006-2010 (25th-31st of January)

La température maximum a augmenté de 1.56°C :

2001 à 2005 = 20.95℃

2006 à 2010 = 22.31℃

22.31 − 20.95 = 1.56℃

Une inversion dans la localisation des points chauds est constatée sur les deux séries d'années, entre les quartiers sud, de South Yarra et Port Melbourne aux quartiers centre/nord de North Melbourne et West Melbourne.

Pour toutes les températures dans la dernière semaine de janvier, entre 1h et 2h du matin :

- Moyenne = 16.97℃
- Maximum = 22.31℃
- Minimum = 12.52℃

Illustration 14 :
statistiques
comparatives et
graphique sur la
période 2001-2010

| Years | Mean | Max | Min | St.Deviation |
|-------|------|-----|-----|--------------|
| 2001 | 17.25 | 18.81 | 16.15 | 0.69 |
| 2002 | 17.83 | 18.99 | 16.67 | 0.57 |
| 2003 | 14.10 | 15.77 | 12.57 | 0.87 |
| 2004 | 14.26 | 15.93 | 12.53 | 0.85 |
| 2005 | 19.05 | 20.75 | 18.03 | 0.51 |
| 2006 | 17.83 | 20.93 | 14.35 | 1.26 |
| 2007 | 15.27 | 16.37 | 14.25 | 0.64 |
| 2008 | 16.90 | 18.17 | 15.77 | 0.69 |
| 2009 | 20.55 | 22.31 | 18.83 | 0.89 |
| 2010 | 16.70 | 17.57 | 15.39 | 0.55 |

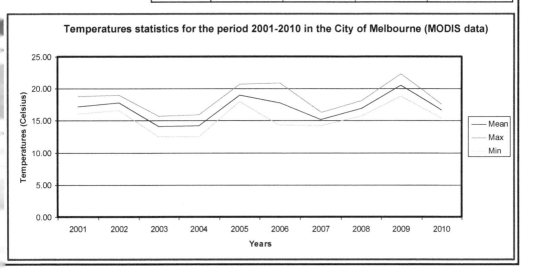

L'année 2009 est la plus chaude, c'est celle qui a subi la canicule, l'effet d'ICU est donc plus fort quand les températures de la journée sont plus hautes, car la ville a absorbé plus d'énergie solaire pendant la journée et mettra donc plus longtemps à la laisser s'échapper à la nuit et en plus de volume.

En dix ans, l'ICU n'a pas beaucoup augmenté. Toutefois, Spatial Analyst a montré une augmentation de 0.96℃ en moyenne entre les cinq premières et les cinq dernières années. Certes, il y a eu la canicule mais ce genre d'événement ne peut être mis de côté car sa fréquence risque d'augmenter.

L'écart type (St. deviation) ne montre pas d'écart qui se creuse entre les températures du centre ville et les espaces résidentiels alentours.

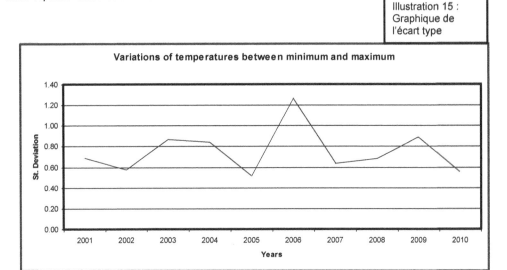

2006 a connu de fortes variations de températures et a été une année très chaude également, le maximum à la nuit étant montés jusqu'à 21°C. Cela montre encore que les années les plus chaudes entrainent un effet d'ICU plus important, renforçant les écarts entre centre ville et zones résidentielles.

En conclusion de cette partie cartographique, une augmentation de la température moyenne à la nuit entre les dix ans de 0.96°C a été observée. La température maximum entre les deux périodes d'étude, 2001-2005 et 2006-2010, a augmenté de 1.56°C. Concernant la localisation des points chauds et froids, un changement peut être constaté : en observant les moyennes il s'avère que l'étendue spatiale des pixels à fortes valeur augmente, réduisant les zones les plus fraiches de la *City of Melbourne*. Le CBD n'est pas l'endroit le plus chaud contrairement à mes suppositions.

Statistiques spatiales. Traduction de formats de fichiers nécessaires :

- Passer les rasters flottants en rasters entiers (raster flottant signifie que les valeurs sont en nombres décimaux ce qui rend impossible tout calcul d'analyse spatiale, mis à part ceux réalisés auparavant). Les valeurs de températures sont donc converties en entier, ce qui réduit considérablement la précision étant donné qu'il ne reste plus que trois ou quatre valeurs. (Méthode : Spatial Analyst /Raster Calculator/ Formule : Int(2009)).
- Nous pouvons maintenant traduire en vecteur point le raster entier (Méthode : Spatial Analyst / Convert/ Raster to Feature). Pour cette étape, seul un raster entier est accepté en entrée.

Voila le résultat, pour 2009, il place un point au centroïde de chaque pixel :

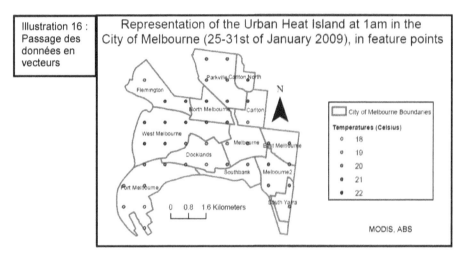

| Illustration 16 : Passage des données en vecteurs | Representation of the Urban Heat Island at 1am in the City of Melbourne (25-31st of January 2009), in feature points |

Ce fichier shape est réalisé pour chaque année ainsi que pour les différents traitements déjà réalisés (moyenne, maximum...). Ces fichiers vont nous permettre de pousser plus loin l'analyse spatiale et géostatistique. Plusieurs outils de la GeoToolBox seront passés en revue.

Les différents indices qui seront utilisés permettent de répondre à des hypothèses, se basant sur des tests statistiques. Il faut partir d'une hypothèse nulle, h0, qui affirme en général que les éléments étudiés ne suivent pas un model spatial. En d'autre terme, l'hypothèse affirme que la tendance observée est un complet hasard. Le but est de savoir dans quelle mesure cette hypothèse peut être rejettéee et donc espérer sortir des modèles et tendances des valeurs. Deux éléments sont toujours calculés : la p-value et le Z-score (voir page suivante).

***Z-Score*** : *test statistique qui permet de décider si l'hypothèse nulle doit être rejettée ou non (h0). Il est mesuré par rapport à l'écart type. Par exemple, si le Z-score de telle valeur est de +2.5 (il peut également être négatif), cela se dira « un écart type de +2.5 au dessus de la moyenne ».*

***P-value*** : *probabilité qui indique combien de chance a l'hypothèse nulle d'être rejettée par erreur.*

Ces deux valeurs sont définies par rapport à la forme normale (*probability* = p-value, *St.deviation* = Z-score).

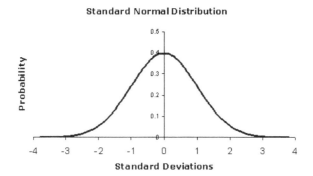

Si la p-value est petite et que le Z-score est soit très elevé, soit très faible (négatif), cela signifie qu'il est très improbable que la tendance observée soit un model dû au hasard et répondant à l'hypothèse nulle. Le résultat est donc très significatif. Pour pouvoir réellement rejeter l'hypothèse nulle, il faut émettre un degré de risque pour lequel il faut admettre d'avoir tord.

Par exemple, si le taux de certitude est de 95% et que le résultat est -0.96 et +0.96 d'écart type, la p-value est de 5% de chance de se tromper en rejetant h0. Par contre, si le Z-score est à l'intérieur de l'intervalle -0.96/+0.96, la p-value sera supérieure à 5% et h0 ne peut pas être rejettée.

## 1. Outils d'analyse de tendance

* *Spatial Statistics Tools* : *High/low clustering* (Indice de Getis et Ord, 3.1.)

**Postulat** : les données de température sont-elles regroupées suivant une tendance ou est-ce du au hasard ? Dans le cadre de ma recherche, il est important de répondre à cette question car le but est d'identifier ici les « points chauds ».

Au départ cette méthode estime que non, il n'y a pas de tendance de regroupement spatial (h0). Quand la valeur absolue de Z-score est élevée et que la p-value est faible, h0 peut être rejetée. L'année 2009 est utilisée comme exemple dans les prochains tests.

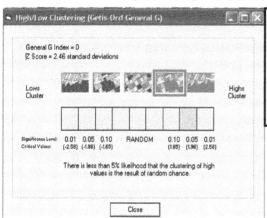

Z-score = -2.46/+2.46 d'écart type
p-value associée à un seuil de confiance de 95% est de 0.05.

Le résultat du test montre que pour 2009 nous obtenons un haut degré de regroupement des valeurs, il n'y a que 5% de probabilité que les valeurs soient regroupées par le fait du hasard.

* *Spatial Autocorrelation* (Morans I, voir annexe 3.2. )

Cet outil mesure l'autocorrelation spatiale, c'est à dire la similarité des entités, en se basant simultanément sur la localisation des entités et leurs valeurs. L'hypothèse nulle ici dit que les valeurs sont distribuées spatialement suivant le hasard.

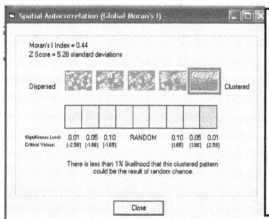

Z-score=-6.42/+6.42 d'écart type
p-value associée à un seuil de confiance de 99% est de 0.01

Cela montre que les valeurs sont statistiquement significatives et ne sont pas distribuées suivant le hasard (1% de chance pour que se soit le contraire).

A partir de cette affirmation, si l'indice de Moran est positif, cela montre une tendance vers le regroupement alors qu'un négatif montre une tendance vers l'isolement, ici il est de 0.55.
Ici, les valeurs sont donc fortement agglomérées.

Les tests effectués ont démontrés que la corrélation spatiale des données de température est forte, venant étayer mes observations. Des tests vont maintenant ajouter les données de points chauds et points froids. Ici, seul l'exemple de 2009 est présenté.

2. Outils de représentation des points chauds/froids

• L'indice local de Moran (voir annexe 3.3.)

Cet outil identifie si les valeurs les plus hautes et les plus basses ont tendance à se regrouper. Ici la p-value et le Z-score représentent la significativité de l'indice calculé. Le résultat est cartographique, calculant dans la table attributaire pour chaque attribut quatre champs supplémentaires : LMiIndex, LMiZScore, LmiPValue, COType.

Un niveau positif élevé de Z-score pour un élément montre que les éléments autour ont des valeurs similaires (hautes ou basses). Sur la carte ci-dessous de 2009, aucune des valeurs ne sont isolées, les valeurs jaunes très clairs avoisinent 0, les valeurs rouges sont significativement regroupées. L'écart type varie entre -2.58 et +2.58. Si les valeurs sont positives, cela signifie qu'elles sont entourées de valeurs similaires ; si elles sont négatives, elles ne le sont pas.

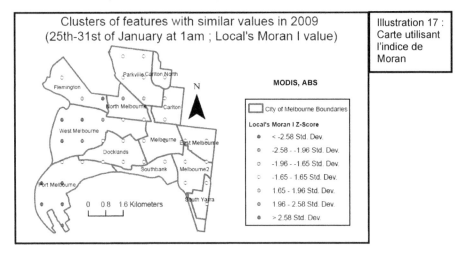

Illustration 17 : Carte utilisant l'indice de Moran

**Remarque** : La classification ici est discutable car la légende montre des éléments qui ne sont pas sur la carte. J'ai choisi de conserver néanmoins ces classes pour bien faire comprendre cet outil.

- Getis Ord I *Hot-Spots/Cold Spots Analysis* (3.4.)

Cet outil calcule la statistique de Getis-Ord Gi. Un point très chaud peut s'avérer ne pas être un point chaud vraiment significatif car étant isolé. Chaque valeur va se voir attribuer un Z-score qui est basé sur son écart avec la p-value. Les éléments qui ont un Z-score positif représentent des points chauds plus ou moins importants suivant la valeur de Z. Inversement, les Z-score négatifs représentent des points froids. J'ai ici représenté les années 2001 et 2009 pour montrer les changements de zones.

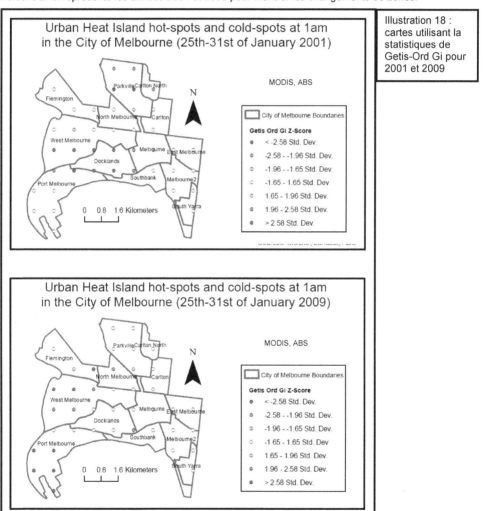

Illustration 18 : cartes utilisant la statistiques de Getis-Ord Gi pour 2001 et 2009

Les points froids agglomérés ont changés de localisation en passant du nord au sud de la ville. Les points chauds les plus regroupés ont sensiblement montés vers le nord.

- Krigeage

C'est une technique d'interpolation. Le but principal ici est de réaliser des cartes plus agréables à regarder en générant des surfaces, pas d'obtenir de nouveaux résultats, l'interpolation spatiale n'est pas la finalité. Geostatistical Analyst permet de faire des krigeages plus poussés que l'extension Spatial Analyst. Les deux ont été essayés et il s'est avéré que le résultat de Krigeage de GeoStatistical était le plus satisfaisant. Différents types de krigeages sont tentés et les résultats sont presque toujours les mêmes car les valeurs sont très uniformes à la base. Le krigeage ordinaire est ici choisi.

Ensuite le résultat du krigeage est traduit en raster, puis une extraction par masque (les limites de la *City of Melbourne*) est faite. Des espaces vides subsistent dans la ville aux endroits qui n'avaient pas été couverts par le raster MODIS au départ.

Les résultats d'une manière générale sont satisfaisants. Pourtant si on les compare aux cartes en raster de température pour chaque année, on constate que les minimums et maximums ont changés, augmentant souvent l'amplitude des données. Cependant, il est plus facile de communiquer des informations aux commanditaires en montrant des données surfaciques de ce type.

Des difficultés subviennent encore par rapport à la discrétisation. Reproduire la même échelle pour toutes les cartes entrainaît un rendu peu convainquant, une forte perte de précision et d'esthétique. Je décide donc de ne pas faire d'échelle commune. Je choisi ici la classification de Jenks qui est la méthode la plus esthétique, les autres ne conservent pas les formes arrondies que l'on retrouve ici.

Voici le résultat cartographique :

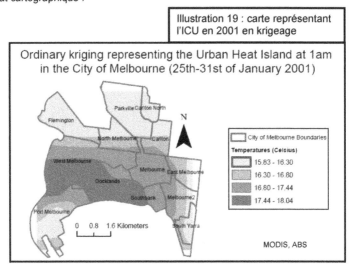

Illustration 19 : carte représentant l'ICU en 2001 en krigeage

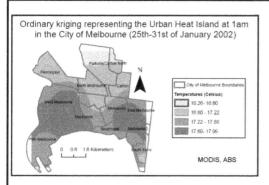

Ordinary kriging representing the Urban Heat Island at 1am in the City of Melbourne (25th-31st of January 2002)

MODIS, ABS

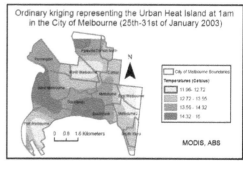

Ordinary kriging representing the Urban Heat Island at 1am in the City of Melbourne (25th-31st of January 2003)

MODIS, ABS

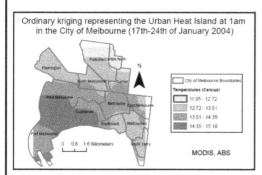

Ordinary kriging representing the Urban Heat Island at 1am in the City of Melbourne (17th-24th of January 2004)

MODIS, ABS

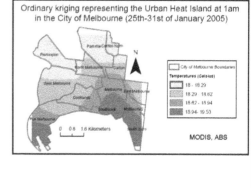

Ordinary kriging representing the Urban Heat Island at 1am in the City of Melbourne (25th-31st of January 2005)

MODIS, ABS

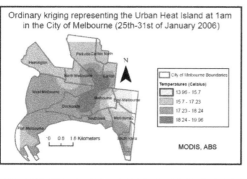

Ordinary kriging representing the Urban Heat Island at 1am in the City of Melbourne (25th-31st of January 2006)

MODIS, ABS

Illustration 20 : cartes représentant l'ICU en krigeage

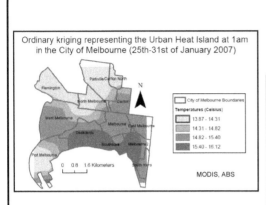

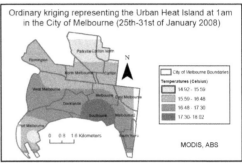

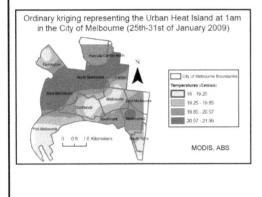

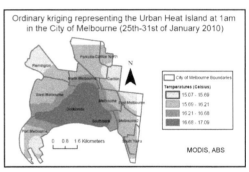

**Conclusion :** il est difficile de déterminer des tendances de localisation des points chauds sur les dix ans, les zones chaudes ou froides se transforment constemment. Sur ces cartes de krigeage, une tendance peut tout de même être observée : dans les trois premières années les zones chaudes sont vers l'ouest, alors que dans les dernières années, elles sont vers le centre. Cette échelle n'est peut être pas suffisante. Toutefois, l'effet d'Îlot de Chaleur Urbain est mis en évidence, ainsi qu'une augmentation des températures moyennes. Nous allons maintenant faire une seconde analyse plus en détail, avec des images LANDSAT pour répondre au deuxième objectif : quel est la relation entre température et morphologie urbaine ?

## 5. Tâche 2, point par point

**a. Téléchargement des données Landsat** : la méthodologie est sensiblement la même que pour les données MODIS sauf que les données ont été acquises sur le site US Geological Survey (USGS). Je ne reviendrai donc pas sur ce point en détail. Le produit qui est utilisé est le « LANDSAT-7 ETM+ SLC-off ». Etant donné que Landsat prend des images tous les 16 jours, il y a peu d'images possibles à télécharger sans nuage. Le 30 janvier 2009 est choisi car c'est un jour très chaud, pendant la canicule, les différences de températures seront donc mises en valeur, les dates sont en temps moyen de Greenwich, en anglais Greenwich Mean Time, abrégé GMT. Après traduction la date est donc, le 31 janvier 2009. Les metadata fournies avec les données nous apprennent que les images ont été enregistrées à 10h du matin.

ETM+ a deux bandes thermiques, bande 61 (BRR, Basse Résolution Radiométrique) et bande 62 (HRR, Haute Résolution Radiométrique) qui se différencient par une différence de précision. La bande 62 a le plus haut niveau de précision, risquant seulement d'être saturée en cas de neige ou de glace (Faour 2004)... Ce n'est donc pas un problème ici.

Je m'intéresse donc ici à la bande 62 avec une résolution de 60m, ainsi qu'aux autres bandes visibles avec lesquelles je vais réaliser une carte d'occupation du sol, c'est à dire les bandes 1 (bleu), 2 (vert), 3 (rouge),4 (proche infrarouge), 5 (moyen infrarouge) et 7 ( moyen infrarouge) (voir annexe 1).

**b. Prétraitements :**
- Les données Landsat arrivent en .tif, il n'est donc pas nécessaire de faire de transformation.
- Observation : gestion du problème « SLC-Off » : il est impératif de télécharger une autre image Landsat qui viendra combler les trous. Cette image doit être sans nuage et la plus proche possible en date de l'image de départ. Une image datant du 15 février 2009 (donc du 16 février 2009 en temps australien) est trouvée. Les bandes manquantes ne se recouvrent pas, il va donc être possible de boucher les trous de la première par la deuxième.

  Différentes solutions ont été développées, telles qu'un logiciel développé par la NASA appelé « NASA Gap Filling Software » et un algorithme facilement applicable sous ERDAS Imagine. Le logiciel de la NASA n'a pas été essayé. Les solutions doivent toutefois être appliquées sur les images traitées, cette étape sera donc abordée plus tard. Il faut donc faire tous les traitements sur les deux images.

  Sur la page suivante, une copie d'écran montre le problème (qui est beaucoup trop important pour être ignoré, surtout à une échelle aussi locale) sur la classification fausse couleur réalisée avec la bande 4 (Proche Infra Rouge) liée à la couleur bleu, la bande 3 (rouge) liée à la couleur verte et la bande 2 (vert) liée à la couleur rouge. Cela met en valeur la végétation en magenta, les zones urbaines ou industrielles en bleu/vert et l'eau en noir ou cyan :

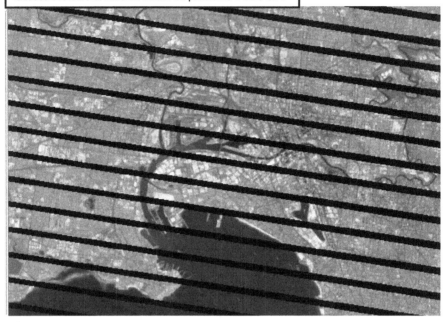

Illustration 21 : copie d'écran d'une classification colorée
fausses couleurs et mise en valeur du problème « SLC-off »

- **ÉTAPE 1 : Convertir les CN en radiances** : les pixels sont convertis en « unité de radiance absolue ». Chaque pixel a au départ une valeur de 0 à 255 correspondant à l'acquisition des informations par le capteur ETM+ qui les transforme en Compte Numérique (CN) ou encore *Digital Number* (DN). Voici avec précision la méthode suivie, le logiciel ENVI est utilisé, le traitement est réalisé sur les bandes Landsat visibles d'abord, puis sur celles thermiques (Stathopoulou 2007) :

*Radiance (ou luminance) : en télédetection, c'est l'énergie réfléchie par un corps sur lequel un rayonnement d'énergie électromagnétique a été reçu. Cette énergie est soit absorbée, transmise, ou réfléchie dans une bande spectrale donnée, par unité d'angle solide, dans une direction donnée et par unité de surface apparente de l'objet (NASA, 2010c).*

- les données téléchargées sont en geotiff. Dans ENVI suivre ces étapes : Open/External File/Landsat/Geotiff and metadata/ sélectionner le fichier finissant par mtl.txt. Grâce à ce fichier de metadata relié aux huit bandes Landsat, le logiciel les ouvrent automatiquement dans la fenêtre *available bands list*.
- dans le menu principal de ENVI, sélectionner : *Basic Tools/Preprocessing/Calibration utilities/Landsat TM*. Sélectionner le fichier rassemblant les six bandes visibles. Cette fenêtre s'ouvre : *TM calibration parameters*. Grâce au fichier mtl.txt, les metadatas sont automatiquement renseignées. Cliquer sur le bouton radiance et donner un nom aux nouvelles bandes de réflectance visibles.

- Appliquer la même méthode pour les deux bandes thermiques.

ENVI utilise la formule suivante pour la conversion CN/radiances :           0.0370588 * B1 + 3.2

> *0.0370588 est le gain (c'est l'augmentation de la puissance du signal quand il est en mouvement)*
> *B1 est la valeur de cellule en Compte Numérique*
> *3.2 est le biais (c'est une différence persistente entre les valeurs réelles et les valeurs obtenues avec l'éstimateur, résultant à une distorsion systématique dans les résultats).*

- **ÉTAPE 2 : Correction atmopshérique :** les données sont de niveau L1G (*Level 1 Geometrically Corrected Landsat Imagery*), ce qui implique qu'elles sont corrigées géométriquement et radiométriquement par l'utilisation d'un processus appelé s*tandard level-one terrain-corrected* (NASA 2010c). Néanmoins, pour la classification il faut procéder à une correction atmosphérique. Cette étape ne serait pas obligatoire si une seule date ne devait être traitée mais en raison du problème de « SLC-off », il faut une deuxième image pour remplir les trous de la première. Ces deux images ne seraient pas comparables et « interchangeables » si les effets de l'atmosphère, différents pour les deux dates, n'étaient corrigés. Il existe différentes techniques de correction des effets de l'atmosphère. Chaque logiciel de traitement d'image en a développé un. Pour ENVI, il s'agit de FLAASH.

    Il faut d'abord préparer les données :

- utiliser les bandes en radiances. Créer un *Layer Stack*, c'est à dire une seule image dans laquelle toutes les bandes seront regroupées (ENVI : Basic Tools / Layer Stack), cette étape est obligatoire pour l'étape suivante ;
- il est possible de réaliser un « window » en même temps : *Spatial Subset*. Cela permettra de réduire considérablement les temps de traitements suivants ;
- FLAASH ne lit que des données en bil. ou bip. qui ne sont pas exactement des formats mais littéralement des « intercalaires » différents : les bandes ne sont plus superposées indépendemment les unes des autres dans le fichier stack, mais pour le bil, elles sont liées par leurs lignes (ligne 1 de la bande 1 puis ligne 1 de la bande 2, etc...), le bsq est la même chose mais par pixel (pixel 1 de la bande 1, pixel 1 de la bande 2, etc...). Traduire le stack en .bil (ENVI : Basic Tools / Convert data BSQ, BIL, BIP) ;
- ouvrir FLAASH (Spectral/FLAASH). Cliquer sur le bouton *Input radiance* et entrer le *stack* des six bandes en bil. Utiliser *Single Scale Factor* de 0.1. ;
- cliquer sur *Output reflectance file* et indiquer dans quel fichier les résulats doivent être stockés ;
- cliquer sur *Output directory file* et indiquer aussi le chemin de stockage des fichiers allant être crées ;
- cliquer sur *Rootname Directory* et indiquer un préfixe qui sera utilisé pour les nouveaux fichiers crées ;
- séparement, ouvrir les fichiers de metadatas fournis lors du téléchargement des données, remplir les champs ;

*Commentaires : en cliquant sur sensor type, il est possible de sélectionner Landsat-7, cela rempli quelques champs automatiquement ; les jours et heures sont à renseigner en GMT; pour relever les latitudes et longitudes (champs exigé pour donner les informations essentielles au modèle atmosphérique), j'ai mis le curseur au centre de l'image et relever les coordonnées ; le champ Ground elevation est facultatif.*

- Atmospheric model : selon le tutorial de ENVI (ITT 2009), le model que nous utilisons ici est le : Mid-latitude summer ;
- Aerosol Model : urban ; aerosol retrieval : none ; initial visibility : laisser 40km si l'image n'a aucun nuage, sinon il faut demander les renseignements au service météorologique ;
- lancer le model ;
- les résultats arrivent alors en réflectance. Il est alors possible de réaliser la classification supervisée sur les six bandes visibles (voir étape 4).

*Réflectance (NASA, 2010c) : c'est le rapport de l'intensité du rayonnement réfléchi au rayonnement incident, sur la surface. Les radiances sont converties en réfléctances lorsque les effets de l'atmosphère sont otés (ce que fait un modèle de correction atmosphérique). C'est une fonction de l'angle énergique incident, de l'angle du capteur au moment où il prend l'image, des longueurs d'onde et de bande et de la nature de l'objet.*

- **ÉTAPE 3 : Bande thermique : Convertir les radiances en températures de radiance au satellite, en Kelvin :** la bande 6 ne peut être traitée comme telle, il faut la calibrer pour en retirer des données en températures au sol. Le produit MODIS est de ce fait beaucoup plus simple car il ne nécessite presque aucun prétraitements. Il faut appliquer l'inverse de la formule de Planck (Stathopoulou 2007) sur la bande des radiances :

$$BT = \frac{K_2}{\left\{ \ell n \left[ \frac{K_2}{L} + 1 \right] \right\}}$$

*BT est le degré en Kelvin*
*L est la valeur de cellule en radiance*

Illustration 22 : tableau venant du site de la NASA (NASA, 2010b)

| Les constantes de températures | | |
|---|---|---|
| Constante | Valeur | Unités |
| K1 | 666.09 | watts/(metres au carré * ster * ◆m) |
| K2 | 1282.71 | Degrés (Kelvin) |

- intégrer cette formule en utilisant l'outil Band Math dans ENVI, ce qui donne : 1287.71/alog ((666.09 / B1)+1) ;
- appliquer cette formule à la bande de radiance de la bande 6 de l'étape précédente ;
- résultat : on obtient alors une nouvelle bande en kelvin avec des valeurs autour de 300.
- traduction des Kelvin en degrés Celsius : soustraire les valeurs de 273.15 (avec ARCGIS).

*Remarque* : *les étapes de prétraitements décrites précédement ont pris plus de temps que prévu. La perte de temps a été conséquente et est survenue dans les deux semaines avant la remise de mémoire. Devant l'entassement des problèmes survenus après le téléchargement des données Landsat (SLC-off mode ; le fait que les données thermiques ne sont pas du tout exploitables comme telles, pas de correction atmosphérique), je me rends compte de l'avantage du satellite MODIS dont les transformations des DN en Land Surface Temperature avaient déjà été realisée par la NASA. Peu de gens utlisent les données Landsat, pour ces raisons. De plus, je ne suis pas sûre de pouvoir régler le problème SLC-OFF... Je me suis posée cette question : pourquoi un satellite aussi connu et reconnu du fait de sa grande précision est-il si difficile à utiliser dans l'imagerie thermale ? J'ai aussi vu la limite d'Internet : il a été presque impossible de trouver des réponses consistentes à mes questions, la méthodologie devant être appliquée est bien renseignée dans les articles scientifiques mais pas les détails de mises en œuvre ; les sites de la NASA manquent aussi fortement de clarté. Néanmoins, la solution a été trouvée après deux semaines.*

## c. Traitements

- carte de températures : la carte sur la page suivante représente la température. La zone d'étude choisie est plus étendue que dans la partie précédente car je souhaite réaliser un transect sur image, passant par plusieurs types de formes urbaines. Ci-dessous, une copie d'écran montrant le trajet souhaitant être suivi. Il passe par : grand parc au nord, zones résidentielles, CBD, rivière, zones résidentielles, lac et espace vert au sud. Pour avoir un lac, sortir des limites de la *City of Melbourne* était néceessaire, j'ai donc étendu également les autres limites.

Illustration 23 : carte de localistion du projet de transect

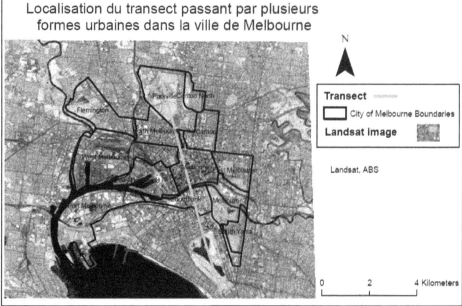

Illustration 24 : carte de représentation des températures avec Landsat

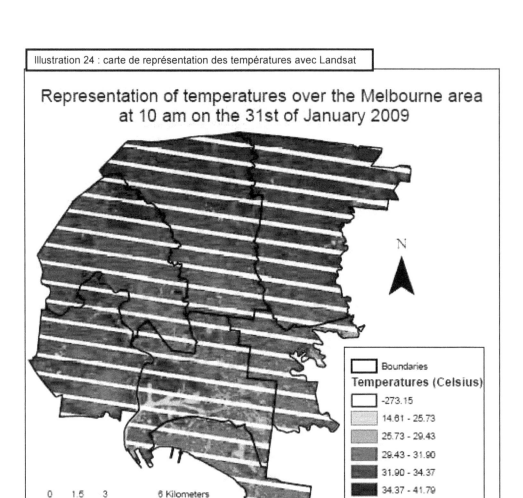

# Representation of temperatures over the Melbourne area at 10 am on the 31st of January 2009

N

Boundaries

**Temperatures (Celsius)**

☐ -273.15

25.73 - 29.43

29.43 - 31.90

31.90 - 34.37

34.37 - 41.79

0   1.5   3          6 Kilometers

Landsat, ABS

La premiére classe de valeur correspond aux lignes manquantes, équivalentes à zéro en Kelvin et égales à -273.15 après passage en degrés Celsius.

Cette carte met en évidence l'eau qui est le type d'occupation du sol ayant un effet de mitigation sur la température le plus fort. Seule l'eau fait partie de la première classe de valeurs, de 14.61 à 29°C. Pour ce qui concerne la *City of Melbourne*, un îlot de chaleur est visible à l'ouest, d'autres plus petits sont dispersés. En dehors de ses limites, les températures les plus chaudes sont au nord, mettant en évidence l'effet mitigateur de l'océan.

En comparant cette carte avec la composition colorée, les zones à activité chlorophilienne émettent des températures inférieures aux espaces bétonnés. Par contre, les zones portant de l'herbe grillée sont bien plus chaudes que les zones de végétation verte.

Voici ce qui va être réalisé par la suite :

- réaliser les corrections atmosphériques et la conversion en degré Celsius sur la deuxième date, le 16 février 2009

- corriger le problème du SLC-off mode, en suivant cette méthodologie :

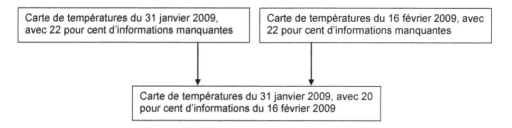

- Utiliser cet algorithme sous ERDAS Imagine :

  EITHER $n1_I71015033_03320070515_b50 IF ($n1_I71015033_03320070515_b50 > 0) OR $n2_I71015033_03320070531_b50 OTHERWISE

  En d'autres termes : Où Image 1 > 0, utiliser données Image 1, Sinon, utiliser Image 2.

  Cela indique au logiciel d'utiliser les données de la première image et par défaut, de la deuxième.

- Résultat attendu : carte de température sans bandes manquantes.

- carte d'occupation du sol : la méthode utilisée sera la classification supervisée. Ce choix vient du fait que la zone d'étude est petite et bien connue. Les classes qui vont être différenciées : bâti dense (CBD) et sans arbre, zones résidentielles arborées, espaces commerciaux et industriels, végétation, eau.

Tout d'abord, une classification non supervisée est réalisée pour se rendre compte de l'hétérogénéité des signatures spectrales des différentes classes. Méthode : Outil Iso Cluster sous ArcGIS en lui indiquant de discriminer six classes (il faut tenir compte d'une classe pour les bandes manquantes).

Ensuite, une classification avec maximum de vraisemblance est lancée. On obtient un résultat trop imprécis, le problème qui va apparaitre évident étant la discrimination des différents types de bâti. L'herbe semble difficile à discriminer aussi, étant donné que cette image est prise au milieu de l'été, particulièrement chaud et sec. Sur la composition coloré on constate d'ailleurs que l'herbe apparait en jaune, étant probablement grillée et donc sans activité chlorophyllienne.

Voici une copie d'écran montrant cette classification supervisée :

Illustration 25 : résultat de la classification supervisée

- en bleu : eau bien discrétisée ;
- en vert : végétation chlorophyllienne correctement discrétisée ;
- en jaune : zones plutôt résidentielles et aussi le CBD qui possèdent des arbres ou dont les batiments crées de l'ombre qui trompe les réfléctances. C'est donc un problème et il nous faudra un résultat plus précis ;
- en gris : soit les zones strictement bâties et sans arbres, soit l'herbe qui a grillé. Il faudra aussi corriger cela ;
- en rose: zones qui apparaissent en blanc sur la classification fausses couleurs ;
- en vert foncé : bandes sans donnée.

*Remarque* : *J'ai essayé de réaliser une classification supervisée sur ArcGIS mais n'y suis jamais parvenue. ArcGIS 10 a un nouvel outil faisant partie de l'extension Spatial Analyst qui a l'air très performant en matière de classification supervisée. Malheureusement, cette version n'est pas encore installée à RMIT. Le fait de jongler de logiciel en logiciel n'est pas aisé, surtout quand il s'agit de logiciels avec lesquels je ne suis pas familière. J'ai essayé au maximum de faire les traitements avec ArcGIS, mais pour ce qui est des prétraitements, il est obligatoire d'utiliser un autre logiciel.*

Ce qui sera réalisé par la suite :

- la classification supervisée sera réalisée sous ERDAS, plutôt que ENVI sur les conseils des spécialistes. ERDAS permet de sélectionner des échantillons sur les six bandes visibles en même temps.

- chaque classe se verra assigner une valeur d'émissivité pour pouvoir ensuite corriger la carte des données de températures. En effet, lors de l'utilisation de la formule de transformation des radiances en kelvin, les valeurs d'émissivité des différents types de forme urbaine sont supposées être équivalentes. Ce qui est faux, intégrant des erreurs.

- des calculs statistiques seront ensuite réalisés pour répondre à ces interrogations :

      - quelle est la température moyenne pour chaque type d'occupation du sol ?

      - comment réagissent les différents types de végétation ?

      - quelle relation existe t'il entre les différents types de bâti et la température ?

*Emissivité (NASA, 2010c) : ratio entre la radiation émise par la surface et la radiation émise par un corps noir de la même température et aux mêmes conditions.*

# CONCLUSION

Au cours de ce stage, j'ai réalisé une analyse des températures de la *City of Melbourne* en utilisant tout d'abord les données du satellite MODIS afin de comprendre l'évolution de l'effet d'Îlot de Chaleur Urbain dans la dernière décennie. J'ai ensuite utilisé les données de haute résolution spatiale du satellite Landsat et réalisé les prétraitements nécéssaires à leur exploitation.

J'ai appris à traiter des images satellites brutes, à utiliser des logiciels de traitement d'image, à développer une méthodologie personnelle pour l'analyse de l'ICU. Mes cinq mois de stage m'ont apporté une certaine expertise sur le phénomène avec lequel je n'étais pas familière auparavant.

Mon superviseur, Darryn McEvoy, m'a proposé un poste de chercheur au CCAP sur une période d'un an pour mettre en application le projet pilote. Cette position est soumise à l'approbation des services de l'université et je devrai connaitre la réponse dans un mois. J'ai accepté avec enthousiasme et envisage dans le futur de me spécialiser dans l'étude des températures et peut être de commencer un doctorat. Ce sujet d'étude m'a vraiment beaucoup interressé et je considère ce stage comme un des meilleurs tremplins que j'aurai pu avoir vers un emploi correspondant à mes projets. Je vais aussi rédiger des articles dans le but de les proposer à publication, appuyée par Darryn.

J'ai eu, je crois, la chance d'arriver dans une structure jeune et dynamique, portée par un responsable souhaitant créer une équipe soudée et transdisciplinaire. Travailler au CCAP est pour moi la chance de me faire reconnaitre dans le milieu universitaire et d'écrire des articles académiques (ce qui est en projet sur l'étude de mon stage).

Le CCAP a été contacté par la ville de Gold Coast, sur la côte est de l'Australie, qui souhaite réaliser une étude sur l'effet d'ICU. Ces projets sont prometteurs et je serais satisfaisante de pouvoir continuer sur ce thème qui m'a beaucoup interressée.

Le cadre de mon stage m'a convenue et Melbourne est une ville enrichissante et très dynamique. Y passer une année supplémentaire me satisfait pleinement.

# BIBLIOGRAPHIE

- ABS 2010, consulté le 13 août 2010 sur http://www.abs.gov.au/« SLC-Off »
- Bell, S 2009, *Analysis of accessible natural greenspace provision for Essex, including Southend-on-Sea and Thurrock unitary authorities*, Essex Wildlife Trust, Colchester.
- Chiesura, A 2004, « The role of urban parks for the sustainable city », *Landscape and urban planning*, vol. 68, no. 1, pp. 129-138.
- City of Melbourne 2009, « Total watermark, city as a catchment », Melbourne City Council, Melbourne.
- City of Melbourne 2010a, *Fitzroy garden master plan reviews discussion paper*, Melbourne City Council, Melbourne.
- City of Melbourne 2010b, *Climate Change Adaptation Strategy*, Melbourne City Council, Melbourne
- Colse Aquilberte, R 2008 'Normalisation d'une série temporelle satellitale très haute résolution et application environnementale en Nouvelle-Calédonie' Ministère de l'enseignement supérieur et de la recherche, Le Mans
- Comber, A, Brunsdon, C, & Green, E 2008, « Using a GIS-based network analysis to determine urban greenspace accessibility for different ethnic and religious groups », *Landscape and urban planning*, vol. 86, pp. 103-114.
- Coutts, AM, Beringer, J, Jimi, S, & Tapper, NJ 2009 « The urban heat island in Melbourne: drivers, spatial and temporal variability, and the vital role of stormwater », *Stormwater2009*, Albury-Wodonga, Australia.
- Dobbin, M & Cooke, D 2010, « High-rise push to halt urban sprawl », *The Age*, 16 March, consulté le 10 Juilllet 2010 sur http://www.theage.com.au/victoria/highrise-push-to-halt-urban-sprawl-20100315-q9n5.html.
- DSE 2009, consulté le 9 Juin 2010 sur http://www.dse.vic.gov.au/dse/index.htm
- ESRI 2001 « ArcGis Spatial Analyst », ESRI, New York
- Fam, D, Mosley, E, Lopes, A, Mathieson, L, Morison, J, & Connellan, G 2008, « Irrigation of urban green spaces: a review of the environmental, social and economic benefits, technical report no.04/08 », CRC, Darling Heights.
- Faour, G, Shaban, A & Jaquet, JM 2004, « Apport de la bande infra-rouge thermique du capteur ETM+ de Landsat-7 dans la détection de la pollution de l'eau de mer sur le littoral libanais », *Télédetection*, vol. 4, no. 2, pp. 197–209.
- Frank, S, Waters, G, Beer, R, & May, P 2006 « An analysis of the street tree population of Greater Melbourne at the beginning of the 21st Century », *Arboriculture and urban forestry*, vol. 32, no. 4, pp. 155-163.
- Frumkin, H 2002, « Urban sprawl and public health », *Public health reports*, vol. 117, no. 3, pp. 201-217.
- Gartland, L 2008, *Heat islands: understanding and mitigating heat in urban areas*, Cromwell Press, Trowbrigde.

- Gill, SE, Handley, JF, Ennos, AR, & Pauleit, S 2007, « Adapting cities for climate change: the role of the green infrastructure », *Built environment*, vol. 33, no. 1, pp. 115-133.
- Global cities 2009, *Annual review,* Arena Printers, Fitzroy.
- Government of Victoria, Department of Health, 2009, consulté le 19 juillet 2010, sur http://www.health.vic.gov.au/chiefhealthofficer/publications/heatwave.htm
- Green Wedge Coalition 2002, « A vision for Melbourne - The Green Wedges Charter », consulté le 1er juillet 2010, < http://www.gwc.org.au/charter>.
- Handley, J, Pauleit, S, Slinn, P, Barber, A, Baker, M, Jones, C, & Lindley, S 2003 *Accessible natural green space standards in towns and cities: a review and toolkit for their implementation*, English Nature, Peterborough.
- Handley, J, Pauleit, S, Slinn, P, Ling, C, & Lindley, S 2006, *Providing accessible natural greenspace in towns and cities*, CURE, Manchester.
- Hung, T, Uchihama, D, Ochi, S, & Yasuoka, Y 2006, « Assessment with satellite data of the urban heat island effects in Asian mega cities », *International journal of applied earth observation and geoinformation*, vol. 8, pp. 34-48.
- Institut national de santé publique du Québec 2009, « Mesures de lutte aux îlots de chaleur urbains », Gouvernement du Québec, Québec
- Intergovernmental panel on climate change 2007, *Climate change in Australia, technical report*, CSIRO Publishing, Collingwood.
- ITT 2009 « Atmospheric Correction Module: QUAC and FLAASH User's Guide », ITT Visual Information Solutions, Pearl East Circle
- ITT 2010, « ENVI tutorial », consulté en Octobre 2010 sur http://www.ittvis.com/ProductServices/ENVI/Tutorials.aspx
- Janjua, S 2010 « AdaptNet », consulté le 31 aout 2010, sur http://gc.nautilus.org/gci/adaptnet
- Jim, CY 2004, « Green-space preservation and allocation for sustainable greening of compact cities », *Cities*, vol. 21, no. 4, pp. 311-320.
- Lo, CP, Quattrochi, DA, & Luvall, JC 1997, « Application of high-resolution thermal infrared remote sensing and GIS assess of heat island effect », *Remote sensing*, vol. 18, no. 2, pp. 287-304.
- Loughnan, M, Nicholls, N, & Tapper, N 2010, « Hot spots project: a spatial vulnerability analysis of urban populations to extreme heat events », *Victorian Government Health Information*, consulté le 15 juillet 2010, sur http://www.health.vic.gov.au/environment/heatwave/agencies/research_pubs.htm.
- Mallick,J, Kant, Y, Bharath, BD 2008, « Estimation of land surface temperature over Delhi using Landsat ETM+ », *Indian Geophysical Union*, vol. 12, no. 3, pp. 131-140.
- Mallick, J, Rahman, A, Viet Hoa, P & Joshi, PK 2009 « Assessment of night-time urban surface temperatures – Land use/land cover relationship for thermal urban environment studies using optical and thermal satellite data », 7th FIG regional conference, 19-22 octobre 2009, Hanoi, Vietnam.
- McEvoy, D 2007, « Climate change and cities », *Built environment*, vol. 33, no. 1, pp. 5-9.

- Ministère de l'écologie, du développement durable et de la mer 2010, « Plan adaptation climat, rapport des groupes de travail de la concertation nationale », consulté le 31 août 2010, sur http://www.developpementdurable.gouv.fr/La-remise-du-rapport-des-groupes.html
- NASA, 2010a « ASTER and MODIS Land Data Products and Services », consulté en septembre 2010, sur https://lpdaac.usgs.gov/
- NASA, 2010b « Landsat Missions », consulté en septembre 2010 sur http://landsat.usgs.gov/
- NASA, 2010c « Glossary », consulté en septembre 2010 sur http://landsat.gsfc.nasa.gov/references/glossary.html .
- Pauleit, S 2003, « Perspective on urban greenspace in Europe », *Built environment*, vol. 29 no. 2, pp. 88-93.
- Pauleit, S, Slinn, P, Handley, J, & Lindley, S 2003, « Promoting the natural greenstructure of towns and cities: English nature's accessible natural greenspace standards model », *Built environment*, vol. 29, no. 2, pp. 157-170.
- Pauleit, S, Ennos, R, & Golding, Y 2005, « Modelling the environmental impacts of urban land use and land cover change-a study of Merseyside, UK », *Landscape and urban planning*, vol. 71, no. 2-4, pp. 295-310.
- Pullen, JM 1977, *Greenspace and the cities*, Paragon Printers, Fyshwick
- Quenol, H, Bridier, S, Vergne, O, & Dubreuil, V 2007 « Apport de la géomatique pour la caractérisation de l'îlot de chaleur urbain à Rennes, France », *Anais*, vol. 13, pp. 5467-5469.
- Radović, D 2009, *Eco-urbanity: towards well-mannered built environments*, MPG Books Group, Cornwall.
- Risstrom, D 2003, *Growing green*, Melbourne City Council, Melbourne.
- RMIT, 2010, consulté le 13 juin 2010, sur http://www.rmit.edu.au/ .
- Rosenzweig, C, Solecki, W, Parshall, L, Gaffin, S, Lynn, B, Goldberg, R, Cox, J, & Hodges, S 2006, « Mitigating New York City : heat island with urban forestry, living roofs, and light surfaces », 86th American meteorological society annual meeting, 31 janvier 2006, Atlanta, Etats Unis.
- Salah, AH 2003 « Remote sensing technique for land use and surface temperature analysis for Baghdad », 15th International symposium and exhibition on remote sensing and assisting systems, 18-21 septembre 2006, Damas, Syrie.
- Shipton, MD, Somenahalli, SVC 2010, « Locating, appraising, and optimizing urban storm water harvesting sites », ESRI, consulté le 2 juillet 2010, sur http://www.esri.com/news/arcnews/spring10articles/locating-appraising.html.
- Stathopoulou, M, Cartalis, C 2007 « Daytime urban heat islands from Landsat ETM+ and Corine land cover data : an application to major cities in Greece », *Solar Energy,* vol. 81, pp. 358-368.
- The Department of Sustainability and Environment 2010, « Managing crown land - fact sheet - committees of management and reserved crown land», consulté le 11 juillet 2010, sur http://www.dse.vic.gov.au.

- Tyrväinen, L, Pauleit, S, Seeland, K, & de Vries, S 2005, « Benefits and uses of urban forests and trees », in Konijnendijk, CC, Nilsson, K, Randrup, T.B & Schipperijn, J, 2005 *Urban forests and trees, a reference book*, Springer, Berlin Heidelberg, pp. 82-114.
- Victorian government 2008, *Melbourne @ 5 million*, Victorian government, Melbourne.
- Victorian government 2009a, *Victorian climate change green paper*, Victorian government Department of premier and cabinet, Melbourne.
- Victorian government 2009b, *Heatwave plan for Victoria 2009-2010*, Victorian government of Health, Melbourne.
- Wan, Z 2007, « Collection-5 MODIS land surface temperature products users' guide », ICESS, University of California, Santa Barbara.
- Weng, Q, Dengsheng, L, & Schubring, J 2004, « Estimation of land surface temperature-vegetation abundance relationship for urban heat island studies », *Remote sensing of environment*, vol. 89, pp. 467-483.
- Wilby, RL 2007, « A review of climate change impacts on the built environment », *Built environment*, vol. 33, no. 1, pp. 31-45.
- Yale Centre of Earth Observation 2010, « Converting Landsat TM and ETM+ thermal bands to temperature » consulté en septembre 2010 sur http://www.yale.edu/ceo/.

# TABLE DES ILLUSTRATIONS

# ANNEXES

## 1. Landsat

Le satellite Landsat-7 a été lancé le 15 Avril 1999. Les données issues du capteur ETM+ du satellite Landsat-7 enregistrent des informations dans huit bandes spectrales (précisément neuf avec deux bandes différentes pour l'infrarouge thermique). Le capteur constitue une amélioration technologique du capteur TM que porte le Landsat-5, toujours en opération. La principale amélioration a été d'augmenter la résolution spatiale de la bande thermique, de 120 à 60m, ainsi que l'ajout d'une bande panchromatique.

| Bandes | Résolution spatiale | Résolution spectrale |
|---|---|---|
| 1 | 30m | 0.450-0.515 Dm |
| 2 | 30m | 0.525-0.605 Dm |
| 3 | 30m | 0.630-0.690 Dm |
| 4 | 30m | 0.775-0.900 Dm |
| 5 | 30m | 1.550-1.750 Dm |
| 61 | 60m | 10.40-12.50 Dm |
| 62 | 60m | 10.40-12.50 Dm |
| 7 | 30m | 2.090-2.350 Dm |
| 8 | 15m | 0.520-0.900 Dm |

Landsat-5 (capteur TM) et Landsat-7 réussissent à capter le bleu, le vert et le rouge dans le spectre visible, ainsi que le proche infrarouge, moyen infrarouge et thermique que l'oeil humain ne capte pas.

L'orbite est héliosynchrone, à 705km d'altitude. La couverture globale se répète tous les 16 jours.

Le 31 mai 2003, le module Scan Line Corrector (SLC) à bord du satellite est tombé en panne et impossible à réparer depuis. Les données sont donc enregistrées avec ce module en position off. Les données contiennent donc des bandes de données manquantes.

## 2. MODIS

Les données MODIS *Land Surface Temperature* (LST) sont quotidiennes, sur huit jours ou mensuelles. Chaque image contient 1200*1200 pixels, soit 1200 lignes pour 1200 colonnes. La taille exacte des pixels à 1km est de 0.928 sur 0.924km. La période d'acquisition a commencé le 5 mars 2000.

Le produit utilisé dans la première partie de l'analyse est celui-ci : « MODIS/Terra Land Surface Temperature and Emissivity (LST/E) ». Il donne la température pour chaque pixel. Le produit MODIS/Terra LST/E Daily L3 Global 1km Grid product (MOD11A1), est basé sur une mosaïque et projeté en projection sinusoïdale. Les données sont mises à jour quotidiennement à 1km de résolution.

L'algorithme utilisé est apellé « LST » ; il représente la LST pour chaque pixel et fait la moyenne des températures au sol des pixels qui se superposent dans chaque grille, en utilisant les zones de superposition comme pondérations. Ce produit est directement prêt à être utilisé, il a été corrigé et MODIS permet d'être sûr du résultat. Pour la version « 8-Day », l'algorithme est alors une simple moyenne des données quotidiennes.

⌖Ce tableau provient du site internet de téléchargement des données MODIS. Il permet de savoir quel coefficient doit être utilisé (pour l'étude, la *night time land surface temperature*, il s'agit de 0.02).

| SDS | Units | Data-type | Fill Value | Valid Range | Scale Factor | Additional Offset |
|---|---|---|---|---|---|---|
| Daytime land surface temperature | Kelvin | 16-bit unsigned integer | 0 | 7500–65535 | 0.02 | NA |
| Daytime LSTE quality control | Bit-Field | 8-bit unsigned integer | ** | 0–255 | NA | NA |
| Daytime LST observation time | Hours | 8-bit unsigned integer | 0 | 0–240 | 0.1 | NA |
| Daytime LST view zenith angle | Degrees | 8-bit unsigned integer | 255 | 0–130 | 1.0 | -65.0 |
| Nighttime land surface temperature | Kelvin | 16-bit unsigned integer | 0 | 7500–65535 | 0.02 | NA |
| Nighttime LSTE quality control | Bit-Field | 8-bit unsigned integer | ** | 0–255 | NA | NA |
| Nighttime LST observation time | Hours | 8-bit unsigned integer | 0 | 1–240 | 0.1 | NA |
| Nighttime LST view zenith angle | Degrees | 8-bit unsigned integer | 255 | 0–130 | 1.0 | -65.0 |
| Band 31 Emissivity | None | 8-bit unsigned integer | 0 | 1–255 | 0.002 | 0.49 |
| Band 32 Emissivity | None | 8-bit unsigned integer | 0 | 1–255 | 0.002 | 0.49 |
| Daytime clear-sky coverage | None | 16-bit unsigned integer | 0 | 1–65535 | 0.0005 | NA |
| Nighttime clear-sky coverage | None | 16-bit unsigned integer | 0 | 1–65535 | 0.0005 | NA |

# 3. Outils Géostatistiques

## 3.1. Indice de Morans I

Cet indice mesure l'autocorrelation spatiale.

La formule utilisée est la suivante :

$$I = \frac{n}{S_0} \frac{\sum_{i=1}^{n} \sum_{j=1}^{n} w_{i,j} z_i z_j}{\sum_{i=1}^{n} z_i^2}$$

*Où zi est la déviation d'un attribut de la valeur i à partir de sa moyenne (xi-X), où wi,j est la pondération spatiale entre i et j, n correspond au nombre des valeurs et So est l'agrégation des coefficients spatiaux.*

$$S_0 = \sum_{i=1}^{n} \sum_{j=1}^{n} w_{i,j}$$

La formule du i-score est:

$$z_I = \frac{I - \mathrm{E}[I]}{\sqrt{\mathrm{V}[I]}}$$

Ou :

$$\mathrm{E}[I] = -1/(n-1)$$
$$\mathrm{V}[I] = \mathrm{E}[I^2] - \mathrm{E}[I]^2$$

## 3.2. Indice de Getis et Ord

Cet indice calcule combien les valeurs hautes ou basses sont concentrées dans un espace donné. La formule utilisée est la suivante :

$$G = \frac{\sum_{i=1}^{n} \sum_{j=1}^{n} w_{i,j} x_i x_j}{\sum_{i=1}^{n} \sum_{j=1}^{n} x_i x_j}, \quad \forall j \neq i$$

*Où xi et xj ont des valeurs attributaires de i et j et où wi,j et la pondération spatiale entre i et j.*

La formule du G-Score est :

$$z_G = \frac{G - \mathrm{E}[G]}{\sqrt{\mathrm{V}[G]}}$$

$$\mathrm{E}[G] = \frac{\sum_{i=1}^{n} \sum_{j=1}^{n} w_{i,j}}{n(n-1)}, \quad \forall j \neq i$$
$$\mathrm{V}[G] = \mathrm{E}[G^2] - \mathrm{E}[G]^2$$

## 3.3. Indice local de Moran

Cet indice identifie les agrégats d'entités possédants des valeurs similaires.

La formule utilisée est la suivante:

$$I_i = \frac{x_i - \bar{X}}{S_i^2} \sum_{j=1, j \neq i}^{n} w_{i,j}(x_i - \bar{X})$$

*Où xi est un attribut de l'élément i, X est la moyenne de l'attribut correspondant, wi,j est le poids spatial entre ie et j, et où :*

$$S_i^2 = \frac{\sum_{j=1, j \neq i}^{n} w_{ij}}{n - 1} - \bar{X}^2$$

*Avec n équivalent au nombre total des valeurs*

La formule du i-score est la suivante :

$$z_{I_i} = \frac{I_i - \mathrm{E}[I_i]}{\sqrt{\mathrm{V}[I_i]}}$$

$$\mathrm{E}[I_i] = -\frac{\sum_{j=1, j \neq i}^{n}}{n - 1}$$

$$\mathrm{V}[I_i] = \mathrm{E}[I_i^2] - \mathrm{E}[I_i]^2$$

## 3.4. Getis Ord I Hot-Spots/Cold Spots Analysis

Cet indice permet de voir si les éléments de valeurs semblables ont tendances à se regrouper ou non.

La formule utilisée est celle-ci :

$$G_i^* = \frac{\sum_{j=1}^{n} w_{i,j} x_j - \bar{X} \sum_{j=1}^{n} w_{i,j}}{S \sqrt{\frac{\left[ n \sum_{j=1}^{n} w_{i,j}^2 - \left( \sum_{j=1}^{n} w_{i,j} \right)^2 \right]}{n-1}}}$$

*Où xj est un attribut de la valeur de l'élément j, wi,j est la pondération entre les éléments i et j, n correspond au nombre des valeurs, et où :*

$$\bar{X} = \frac{\sum_{j=1}^{n} x_j}{n}$$

$$S = \sqrt{\frac{\sum_{j=1}^{n} x_j^2}{n} - (\bar{X})^2}$$

www.ingramcontent.com/pod-product-compliance
Lightning Source LLC
LaVergne TN
LVHW042346060326
832902LV00006B/424